世纪波
Century Wave

마케팅 대통령

营销大统领

营销就是先要“卖出”你自己

［韩］高态亨 著　　金花 译

電子工業出版社
Publishing House of Electronics Industry
北京 · BEIJING

高态亨：마케팅대통령
ISBN: 978-8995924563

版权贸易合同登记号　图字：01-2016-7092

图书在版编目（CIP）数据

营销大统领 /（韩）高态亨著；金花译. —北京：电子工业出版社，2019.5
ISBN 978-7-121-36153-1

Ⅰ. ①营… Ⅱ. ①高… ②金… Ⅲ. ①市场营销学 Ⅳ. ①F713.50

中国版本图书馆 CIP 数据核字(2019)第 048973 号

策划编辑：晋　晶
责任编辑：袁桂春
印　　刷：天津千鹤文化传播有限公司
装　　订：天津千鹤文化传播有限公司
出版发行：电子工业出版社
　　　　　北京市海淀区万寿路 173 信箱　　邮编 100036
开　　本：720×1000　1/16　印张：11　字数：112 千字
版　　次：2019 年 5 月第 1 版
印　　次：2019 年 5 月第 1 次印刷
定　　价：48.00 元

凡所购买电子工业出版社图书有缺损问题，请向购买书店调换。若书店售缺，请与本社发行部联系，联系及邮购电话：（010）88254888，88258888。
质量投诉请发邮件至 zlts@phei.com.cn，盗版侵权举报请发邮件至 dbqq@phei.com.cn。
本书咨询联系方式：（010）88254199，sjb@phei.com.cn。

序

当今世界各行各业专家不断涌现，令我提笔写这篇序的本书作者也属其中。然而本书作者有别于一般的专家，无论在理论方面还是实战方面，他的经验都近乎完美。他从不满足于现状，每每都以迫切的心情挑战不同领域的销售和市场营销，切切实实在挑战领域取得了惊人的业绩，积累了丰富的实战经验。

我认为世上的一切即市场营销，是销售的延续。再好的产品，如果不被人们认识或不被人们购买，也只能转瞬即逝。

这本书的特点在于涵盖了目前我们对市场营销持有的普遍的认识和概念，提及了可以直接适用于实战当中的各种实实在在的技巧。作者没有像一般的学者那样仅仅依靠单纯或复杂的理论来讲述市场营销，而是旨在把市场营销的基本内容用讲故事的方式，向读者直接传达亲身经历得来的活生生的技巧。可以说这是本书的最大优势。

在韩国，作者高态亨不仅是一位知名度很高的市场营销专家，同时也是一位大学教授。除教学科研以外，他在写作、演讲等方面也非常活跃。他的孜孜不倦、兢兢业业让人敬佩，其生活中展现出来的挑战意识和努力博得的成就，即在市场营销和销售方面的业绩更让人大吃一惊。

我认为本书不只适用于对市场营销感兴趣并想要做好销售的人，作为一本人人必备必读的书籍，本书当之无愧。

朴洪英

韩国孔子文化中心会长

华钰矿业股份有限公司理事

前 言

全球最大的咖啡连锁店星巴克的董事长霍华德·舒尔茨（Howard Schultz）曾经说过这样一句话：“我们卖的不是咖啡，而是感觉。只有懂得享受紧张感的人，才能以新颖的点子感动顾客。”

商品或服务经过流通从生产者到消费者的一切系统化的管理活动都属于市场营销。可以说，市场营销比强调“卖”的销售具有更广泛的含义。就像霍华德·舒尔茨所说，当今世界需要的不是简单地销售产品，而是站在顾客的立场上想顾客所需，具备差别化的要素。

当我还是高中生的时候，通过摆地摊儿第一次体验到了做生意的感觉。当时周围的其他地摊商几乎都是等待顾客靠近才卖东西，而我却亲自捧着鲜花主动去寻找需要买鲜花的顾客，并当场举办答谢顾客的小小的感动活动，还搭售了布娃娃。由此可见，想要以市场营销来获得成功，就必须把头脑中的那些小点子付诸实践，并且将其引至现实生活当中，这样才能走向成功。

为了给“陷入迷宫的顾客亮出温馨提示牌”，本书以实际案例为中心，系统解释了人们通常对于市场营销含糊不清或难以理解的部分。希望阅读本书的读者能够将本书的内容化为“己有”，变成自己别具一格的差别化要素来付诸实践。这也是利用本书最有效的方法。

市场营销的第一步，请树立个人品牌。树立好你的个人品牌，你就已经取得了一半的成功。其次，挖掘顾客，做好选择与集中。做好这一步，剩下的基于差别化一一践行即可。这就是市场营销。

市场营销同样适用于我们的生活，我认为“人生即市场营销”。静心观察成功人士，不难发现他们当中的大部分人是市场营销界真正的获胜者。因为成功是通过实现自己设定好的明确目标，利用有别于他人的战略和战术打造出来的。

本书并没有只针对特定的营销人员而写，而是包含很多大家可以一同共享和实践的差别化要素。阅读本书的任何读者，只要能够做到以我之力改变自我和付诸实践，任何人都能够成为“营销大统领”。

“成功取决于欲望的大小”，因此，请多一点成功的欲望吧。最后，真心希望阅读本书的读者能够赢得成功，赢得精彩，成就更为优秀的自己！

高态亨

目录

有能力的营销员最先做的事情是与顾客建立信任，他们首先推销自己，其次推销公司，再次推销服务或产品，而价格却在最后。相反，普通的营销员最先做的事情就是讨价还价，然后提及服务或产品，最后才推销自己。

——哈里·贝克卫斯（Harry Beckwith）

第1章

个人品牌营销所需的四步骤

1

找准强项全力以赴

如今在韩国，由组织来承担个人赡养责任的神话——终身雇佣制度早已成为历史“遗物”不复存在了。这一神话一经打破，就产生了一些如“四五停”“五六盗”“三八选”等反映社会现象的流行语①，很多人都在担心自己的前途。而今再次面临着全球性经济危机，韩国人更是背负着难以预料的种种不安。置身于某一组织的职场人士，他们承受着双重压力，既要为有可能被组织抛弃的、未知的、不安的将来提前做好准备，还要为具备在组织内部竞争中得以生存的、差别化的个人能力而竭尽全力。

在这样的现实环境下，树立“个人品牌”或“自我品牌”就显得尤为重要。无论是在组织之内，还是在组织之外；不管是职场人士，还是私营业主；不管是初出茅庐的新人，还是CEO，没有一个人能够脱离个人品牌化这个主题。只有广为宣传自己有别于他人的能力、风格、个性等，才能提升自我价值和人生价值。

---

① 四五停：“45岁即退休年龄”的简称，用来比喻40多岁的职场人士难以工作到原先65岁的退休年龄而有可能被迫提前退休的尴尬处境。

五六盗：意思为在职场待到56岁就等于盗贼，比喻职场人士难以工作到正常的退休年龄而被赶往职场之外的处境。

三八选：随着终身雇佣制度的打破，正当壮年的人在职场也难以工作到38岁以上。比喻由于裁员等原因被迫再就业或准备创业的职场人士的处境。

个人品牌化并不是片面地依赖某一方面就可以实现的。细看一下，仅凭名字也能博得许多人高度信任和评价的成功人士，他们的成功难道靠的是投机取巧吗？其实他们的成功始于基础，具体来讲，就是发现和认清自己的固有形象、性格趋向、强项和弱项、生活蓝图，基于这些认真经营自我，构筑坚实的自我品牌，进行严格管理。他们通过提升潜在的自我价值打造了有别于他人的、别人无法企及的个人品牌，并且凭借这一基石实现了蓝图。

为了成功打造“自我品牌”，首先就要了解能够提升为核心能力的强项。即便一个人被打上了“无能之人”的烙印，也至少会有“一技之长”。比如唱歌、跳舞、倾听、能言善道、精打细算、善于包容等，肯定有一个以上的擅长之处。发现隐藏在深处的强项，将其提升为核心能力，就能够具备别具一格、唯我独有的竞争力。

即便这个强项与目前从事的工作没有太大关联，但也能在多方面得以充分发挥作用，如建立新的人脉或进行人脉管理的时候，在组织内外打响自己名字的时候，满足顾客要求的时候。在与业务相关的多个领域当中，强项都会发挥它的作用，使你的个人价值得到提升。营销员不仅要在现场直接面向顾客提供产品或服务，更要锲而不舍地奔向“顾客满足”这一不变的高地，因此，寻找和把握自己的强项对他们来说就更加重要。

盖洛普（Gallop）根据五种营销手段，进行了一次关于驱动消费者重复购买意向的相对影响力调查。该调查首先试用了产品（Product）、价格（Price）、渠道（Place）、促销（Promotion）这四个手段，紧随其后又添加了第五个 P（People）。这个 P 指的是代表企业的“人”，即雇员和顾客之间的相互作用。盖洛普得出的最终研究结论是，对于想要同竞争对手加以差别化的企业而言，第五个 P（People）比另外四个 P 更具决定性。因为顾客通过实质性的接触向雇员购买商品或接受服务时，会认为那个雇员代表着该品牌。也就是说，代表着企业和品牌并与顾客打交道的“人”才是至关重要的因素。

有着如此重要作用的“人”，想要树立良好的产品形象和开展有效的市场营销活动，个人品牌战略就必不可少，而个人品牌战略的第一阶段就是“强项的最大化”。强项的最大化不仅比弥补弱项更重要，而且还能发挥更加强有力的效果。关注自己或者周围，就不难发现通过强项的最大化获得成功的种种案例。

当我还是个保险营销员的时候，和以往一样以提高保单件数作为工作的中心。有一天，在一家顶级保险分公司（销售业绩为韩国前 1%的公司）工作的前辈建议我试一下以高额保单为主的 VIP 营销，而且作为做好销售的一种手段，还劝我学高尔夫。

有 2~3 个月，我集中精力认真地学打高尔夫球，但打球技术老是原地踏步。当时正好想起了小时候在乡下经常玩儿的打棒儿游戏（用大棒凌空击打小棒，小棒落得最远为胜者），这可算得上是我的一个强项。

最终我不是以高尔夫，而是利用我最擅长的打棒儿游戏组成了“怀有打棒儿游戏美好回忆的企业 CEO 同好会”，并且最终实现和取得了与该同好会全体成员（30 名）签下高额保单合同的惊人业绩。

作为营销员，我的强项和核心能力之一就是“简化”。简化对于从事市场营销工作的人而言显得格外重要。应对顾客的过程当中会面对许多意外情况和拒绝，这就是营销员身处的客观环境，如果每次对这些都想得复杂而又严重的话会怎么样呢？有时候我们也要懂得如实接受和认可，比如像“成不了也罢”一样。这里所说的接受并不意味着放弃，对于市场营销或成功而言，放弃是绝对不允许的。接受意味着基于自己的原则、计划和工作的优先顺序，针对最重要的部分能够做到优先投入。

假如考数学题，要求 1 小时之内解答 40 道题，可是如果你从第 2 道题开始受阻，那么这时该怎么办呢？如果投入足够的时间去思考，或许能够解答这道题并继续做下面的题，但这不见得是个好方法。因为越往后就越缺乏时间，很有可能导致依靠平时的实力也能够轻松解答的那些题，却由于时间不足而无可奈何地放弃。明智的方法应该是将第 2 道题暂且搁置，着手解下面的题，或者从第 40 道题开始倒做。

如果有一个营销员抓着连续说“不”的顾客不放，并且还试图说服那个顾客，那么他一定是个不懂“成不了也罢”这一简化方法的人。要是顾客拒绝三次以上，那么最好还是先退一步。固执地纠缠一个顾客，倒不如先处理其他重要的事情，然后聪明地计划下一步。对于市场营销而言，“成不了也罢”就是这样，无法立刻解决的事情我们要懂得延缓。

说到底，个人品牌化就是为了在旗鼓相当的众多竞争对手当中，令自己更加显眼突出和印象深刻，其核心在于差别化。通过锻炼来完善自己的不足之处最终脱颖而出是不容易做到的，可是找出原本自己就擅长的部分，将其提高到最佳状态并不难做到，因此，先着手找出和找准自己的强项吧。这一强项必然会成为提升你个人品牌价值最强劲的武器和成功的关键。

成为具有影响力的人

让越来越多的人记住你，认可你的热情和信任你的人品，那么你的名字所具有的品牌力量就会变得更强大。用一句话来概括，个人品牌力量指的就是影响力。如果能够对更多的人发挥影响力，并且使其影响力持续长久地维持，这就是成功的个人品牌营销。因此，不管在何时何地，对于发挥自己的影响力都不应该心存畏惧。

我曾经在做保险理财师的时候对自己做出了这样的承诺：当与某一顾客会面，即便没能与他签单，也一定要让对方记住我的名字。理由有三个：一是如果被人遗忘的话，营销就绝不可能成功；二是即使遭到顾客的拒绝，为了下次的相逢也要尽全力来表现自己，给对方留下深刻的印象；三是为了赢在气势上。赢在气势上不是指发挥自己的威势来压倒对方，而是指迎合具体情况或顾客的偏好，适当确保“我的位置”。根据情况，有时会出现“输即赢”的局面，这时先向对方表示谦逊和尊重，就有可能成为确保有利地位的途径。在这里重要的是我的名字，也就是说留下深刻的印象，使自己的存在感更加强烈。

我认识的人当中有位姓崔的营销员，他为了做好个人品牌营销，改名为“崔顶峰”。或许有些人会感到诧异，但在个人品牌营销当中，名字的影响力是不容忽视的。我认为改名字是一个不错的方法。

不管走到哪里，请你充分运用自己的强项，努力成为一名最优秀的营销员吧。在滑雪场、练歌厅、同好会、同学聚会上你都可以通过最大限度地展现自己的强项来获得认可。如果是闲情逸致的朋友聚会，就可以作为一个倾听者来俘获人心。若倾听对你来说很吃力，那么也就不必费九牛二虎之力让自己当一个倾听者，因为勉强难以成就第一。如果你的强项是风趣机智的好口才，那就可以通过讲述饶有兴趣的故事将周围的视线集于一身；如果是在网球同好会，你就可以露一手出色的球技；如果是在车友会，那就显露你渊博的汽车知识。当然，选择同好会时，要选择能表现自己强项的同好会才能行之有效。那么，人们不但会记住你最优秀的一面，并且会认为你是一个富有魅力的人，期待与你的下一次相逢。不仅你的名字一定会被记住，而且你也能够成为具有相应影响力的人。

成为具有影响力的人，最简单的方法就是带“头衔”。同好会也好，研究生活动也好，哪怕是亲睦会，最好也要担任一项具有头衔的职务。不管是会长还是总务都无所谓，不过相比之下，职务越高效果越佳。不被称为“张三会员”，而被称为“张三会长”或“张三总务”，你的影响力也会随之变大，你的名字也会被牢牢地记住。宁可做鸡头也不做凤尾，对于发挥自己的影响力就应该毫不畏惧。

假如无所畏惧的自信被扭曲成高傲或自满，则会带来诸多尴尬和不便。因此，在人与人的关系上确保和扩大影响力要懂得适可而止，如果这些基本的东西无法到位，就不可能有任何的开花结果。表现和宣传自己也要做到适度和行有所止。

需要用什么形象武装自己

通常人们通过你的言行将你的形象刻在脑海里，那么你想要以什么形象示以众人呢？在个人品牌营销中不可缺少的重要一项就是决定示以他人的具体形象。

长期以来，持续受消费者青睐的成功品牌都具有清晰明确的品牌形象。该形象不但符合消费者的要求，值得信赖，而且更是具有区别于其他品牌的内在价值。同样，当一个人确立了令人产生好感或很多人希望拥有，并且值得信赖和充满个性的形象时，就能拥有他人难以企及的超强个人品牌。

决定示以他人的形象并选择与之相应的行动之前，需要考虑这样一个问题，那就是是否有必要欺骗自己。勉强采取与自己截然相反或不符合自己性格的言行，这能不能算得上是好办法呢？提升核心能力需从自身内部着手来寻找，同样，形象塑造也得从自身内在的魅力着手，将其最大化才能有效。为留下好印象而勉强采取不符合自己的一些言行会带来什么样的结果呢？虚伪不仅让对方感到不舒服，并且即使完美地骗过了对方，也会因自己不舒服而难以坚持。难以坚持不仅会令对方认为你是一个“虚伪”或“缺乏一贯性”的人，而且也是摧毁人际关系的关键——“信赖”的决定性因素。

想要成为营销大统领，就需要具备作为“全能艺人”的基本素质，这好比在需要理解、说服、感动顾客的营销领域当中必须翻越的一座山。与单枪匹马只身一人的你相比，顾客是由许多个人组成的群体，他们每个人都有各自不同的性格、嗜好、需求，若不能成为全能，何以满足形形色色的顾客呢？从这个视角来看的话，个人品牌营销中的形象战略也就变得相当简单。

根据不同的人和不同性质的场合，我所表现出的形象也可能会有变化。想成为一个“全能艺人”，不但懂得变化，而且理应变化。变化要因时因地制宜，没有必要在车友会谈及摩托车，或在享受休闲运动的场合以严峻的经济形势作为话题，而是要以符合情况的言论和行动来展示出适宜的形象，并且表现得越热情越好。在练歌厅要竭尽全力热情歌唱，欢声笑语的时候就要积极玩乐，滑雪时要尽情、尽兴地享受。这种热情要是能够添加一份“好”，那就更是锦上添花了，即充分发挥自己的核心能力，成为最优秀的营销员。

假设你对汽车很有兴趣，参加了一个车友会活动，那么什么样的人最先进入你的视线又让你产生好感呢？当然根据不同情况会有多项变数，但通常备受关注的是对汽车有着高涨的热情、博学多识和丰富经验的人。在聚集了一群汽车爱好者的场合里，这很自然，也理所当然。

很久以前曾问过一位男性这样一个问题："女性在什么时候看起来最美丽？"他的回答是："专注于某件事情的时候最美丽。"不仅是异性，这对于同一性别的人是否也同样适用呢？看到在自己的岗位上尽心尽力做好本职工作的人时，我们都会受感动。所以凭借你立足于现实、尽心尽责、积极热情的形象，加深人们对你的印象吧。培训或演讲的时候要展现认真投入的形象，在相聚其乐融融的场合要展现开朗活泼的形象，总之，示以别人最佳、最优秀的你。

尽管所要展现的具体形象会根据情况或环境等因素而不同，但其共同点则是最大限度地展现最佳形象。看到你热情高涨的面貌，人们会不由自主地把你的形象刻在脑海里并记住你，而且你以最佳状态展现出最佳形象的那一瞬间，人们就会再一次重新认识你。**为了展现最佳形象，你要做的事情就是要从这里开始，即要按照情况思考问题并做准备。**

我在外面演讲时偶尔会向听众提问："我长得像卓在勋[①]吗？"如果听众点头，我就会来一句："状态真不错。"有时也会问："我的长相像不像朴明秀[②]？"如果听众依旧点头，我就会说："看来大家今天的课可能要费劲儿哦。"因为朴明秀有着一副令人发笑的长相。其实我长得和卓在勋、朴明秀都有一点

① 卓在勋：韩国歌手、演员。

② 朴明秀：韩国的笑星、电视和广播节目主持人、歌手、DJ，是韩国有名的真人秀综艺节目"无限挑战"的成员。

相像。出于活跃氛围而开的这种小小的玩笑，在向他人展示我的形象时也颇有成效。在个人品牌日益重要的当今社会里，为了向人们更为广泛地宣传自己的面孔和名字，就需要倾注心血并做出努力，因为它是无法躲避的。

始终如一的人才能搭建的“诚信之塔”

可以说，打造个人品牌的关键是得到周围人的好评、关心及信赖。所以“自我品牌”最终要通过人，也就是依靠人脉来打造并发挥作用。然而仔细思考的话，不难发现人脉终究得由自己来搭建，“自我品牌”的中心显然就是自己。基于把自己当作关系中心的视角，将其贯穿到整个人生，无疑是个重要的人生课题。

我觉得有必要在这里暂且探讨一下人际关系的“基础”。为成功打造个人品牌，目前为止我们重点探索了强项的最大化、影响力、形象等，那么这些能够发挥力量的基础是什么呢？其实就是始终如一。打造个人品牌不像一天24小时当中抽出一部分时间解决眼前的问题那样轻松简单，而是在睡觉时间以外，其他日常生活中的时间都应该用来打造个人品牌。如果不以始终如一的言论、行动、诚实及责任感为本，就很难被评价为值得信赖的品牌。一个人即使他本身相当富有魅力，可如果言行不一或对自己的行为不负责任的话，得到周围人的信赖就会很困难。因此，始终如一可以称得上是打造个人品牌的稳固基石。

以自己的名字作为个人品牌获得成功的人士当中，大多数是以始终如一的面貌得到人们高度信赖和评价的。来看看堪称“奥马哈的先知”（Oracle of Omaha）的沃伦·巴菲特吧。他是人人皆知的著名投资者，仅以股票投资就获取了相当于韩国年度预算一半规模的 620 亿美元的财富。然而他又超越了成功的投资者身份，被公认为代表和引领一个时代的伟人，是因为他孜孜不倦地实践了一个人应该具备的基本美德，成为众人的典范。一向生活节俭的他，2006 年决定捐赠财产的 85%(按照 2006 年的估值约为 370 亿美元)，成为历史上最了不起的慈善家。他亲自驾驶二手车，50 年如一日住着同一所房子，还坚持反对废除遗产税，正是这些善举使我们对巴菲特毫不吝啬地加以赞赏和信赖。

为了以个人品牌获得成功，就必须让更多的人提及你的名字，也就是说，人即人脉的力量不可或缺。希望自己的名字能够广为人知、更加强烈地被呼唤、被更多的人所认可，就绝不能忽视人际关系的基础。

“信守承诺”“正直”　信任（信用）”是我始终不渝恪守的生活信条，这些都贵于千金。这三个看似各自独立，其实都在一条延长线上紧密连接。想要获得他人的信任，就要为人正直诚信，想要获得诚信之人的评价，就要懂得信守承诺。归根结底，形成人际关系最根本、最关键的就是信守承诺。

即便无关紧要的言语和行动，也要注意信守承诺、正直和信任三者之间的关系。言过其实习以为常，或者不论承诺轻重而轻易失信的人，是无法在人际关系上建立信任的。一言一行一承诺，即从我们口中说出的一切都是一种承诺，“要对说过的话负责”，是因为一句话即一个承诺。承诺以彼此之间的“信守”作为前提而成立，可我们太容易对其失守、拖延或遗忘。如果能够做到信守承诺，也许仅仅凭借这一项，就有可能加入人人羡慕的成功人士的行列。

以积极的表现和诚信为基础，广为宣传你自己的品牌吧。研究和实践宣传自我的方法固然很重要，但也千万不能忘记要始终如一地贯彻人际关系最根本的东西。当人们留心观察你有别于他人的能力、影响力、积极热情的一面，发现你抱诚守真、信守不渝时候，就一定会给予你 100%的信赖。

如传奇销售大王金克拉（Zig Ziglar）所言：“顾客对你产生好感，就会聆听你说的话；顾客信任你，就会与你共事。”

营销要点

推销自我的醒目标语

“首先向男性们展示了两位漂亮女性的照片，然后询问哪位女性更漂亮，结果这两位女性的得票数相差无几。随后，调查人员在一位女性照片下面贴了伊丽莎白的名签，在另一位女性的照片下面贴了格特鲁德的名签，然后再次询问，结果80%的男性把票投给了伊丽莎白。”

这是曾经由美国经营管理学者、现代营销学的领军人物菲利普·科特勒（Philip Kotler）介绍的案例。在品牌营销中，名称占据的份额是相当大的。因为仅靠名称，人们就能够判断和记住品牌的形象和品质等，所以专家总是将是否易于发音、容易记住，并且是否具有创新性作为品牌名称好坏的重要条件。

在个人品牌营销中，改变名字几乎是不可能的，因为对于我们每个人来说，从出生到死亡，名字伴随一个人的终身。虽然也有如前所述的“崔顶峰”一样改名字的案例，然而从营销层面而言，更改一个人的名字就像企业为了更改品牌名称而创建一个新品牌一样，是很不容易的。

制作一个用以介绍和推销自我的简单明了的标语，会对提升个人品牌价值发挥巨大的作用。以我为例，当我还是保险理财师的时候，就自己制作了几个标语来积极利用。虽然标语数量多，但并不是同时使用，而是根据活动内容、时期、成长阶段挑选最适宜的标语加以升级并运用。

- 大韩民国 No.1，成功咨询师高态亨。
- 做一个勤奋的人，不如做一个干得好的人（高态亨）。
- 与其仰望，不如站在最高处与您沟通。
- 闭上眼睛的人虽然会做梦，但睁开双眼睛的我正在实现这个梦想。
- 再漫长的路，也要与我——高态亨一起走！
- 人生没什么大不了的，您有高态亨就可以。

除此以外，我还有很多标语，那些基本上都是突出我或带有我的前景和展望的，还有很多利用当时的流行语或名言等制作的标语。为了制作能够让人们记忆深刻的、唯我独有的一行标语，我至今仍然依然如故地搜寻好点子。

对于初次见面的人，我偶尔会采取另类的方式来介绍自己：“不好意思，我没带名片。如果您在网上搜我的名字，就能获得更多的信息。”

有时这种方法可能给对方留下傲慢的印象，但是和交换名片相比，它可以获得更大的效果。因为能够通过门户网站公开获得某个人的信息，这一事实会给对方一定的信任和好感。

个人品牌的核心是名字，并且其形象和影响力取决于名字前后搭配的修饰语。因而为了广为宣传自己的名字，采取一种更为积极的方法也很不错。与其采取和别人同样的方法，不如以差别化的方法成为业界最佳，这会更快、更有效率。

案例分析 营销武器即品牌名称

为了取一个品牌名称，企业在这方面所下的功夫是相当大的。因为在激烈的竞争中，品牌名称既是企业重要的未来资产，也是营销的核心武器。为了取一个能够给顾客留下长久好印象的名称，许多竞争企业之间的品牌起名战争必将持续很长一段时间。

“象牙”（IVORY）是众多消费者熟悉的香皂品牌，但很多人对其制造商——宝洁公司并不熟悉。因为宝洁公司只是突出了象牙香皂的特点和形象，对公司本身没有做宣传，这就是它的品牌扩张战略。

日本最有人气的香烟品牌“七星”（Mild Seven）就以多年前进行的消费者调查为基础，推出了带有“柔和七星”（Mild Seven Lights）这一名称的新产品并大获成功。调查发现，与以前相比，消费者对健康的关心度大大提高，在焦油、香料、味道等方面更喜欢柔和的产品，“七星”据此研发了符合消费者需求的产品，还起了个新的品牌名称。

品牌名称对于进入国际市场也是一个非常敏感和重要的事项。世界级企业唯独在中国放下自尊使用中国式名称的理由是什么呢？这是因为中国人对起名不仅很讲究，而且使用的是表意文字。品牌名称不但要朗朗上口，易读易记，与商品匹配得恰如其分，还要在法律上受到保护。这是品牌名称需要具备的三个条件。具备这些条件并成功地打入中国市场的品牌有哪些呢?

Coca Cola 以“可口可乐”的中文名称获得了成功。可口可乐的发音不仅与英语的 Coca Cola 很相似，而且还带有“让嘴快乐”的含义，所以对扎根中国、宣传品牌起到了非常有效的作用。

Carrefour 也属于以贴切的名称成功进军中国的典型案例。“家乐福”的中文名称，因为它带有“家家快乐又幸福”之意，足以给中国人留下好印象。曾经的互联网巨人 Yahoo 进军中国时又是怎样的呢？它在中国网站上起名为雅虎，这不仅与它原来的发音相似，而且又暗含“优雅之虎”的意义，所以能够在中国网民当中成功地引起反响。

以中国式名称喜获成功的韩国企业也不少，最具典型的是 ORION 的中文名称“好丽友”。好丽友的意思是“既好又美丽的朋友”，凭借这一中文文称，ORION 成功打造了符合产品的亲近形象。作为大型折扣店的 E-Mart 也属于品牌命名成功的企业。E-Mart 在中国被称为“易买得”，含有“容易买得到”之意，借此大大强调了购物的方便。即便属于同样的汉字文化圈，但由于中韩两国的文化和文字体系相异，因此，符合中国文化和中国人情结的中国式名称，对于想要进军中国的企业而言，是个必不可少的成功要素。

完美地做好一切，从一开始就不可能，更何况战略性地选择其一意味着选择的同时要放弃其他。因此，想要成就伟大的企业，企业和经营管理者需要放弃的项目列表比该做的更为重要。

——吉姆·柯林斯（Jim Collins）

第 2 章

要在哪个领域竞争

2

选择并集中

人生的确是选择的延续，而且根据对选择事项的集中程度，会产生截然不同的结果。滴水之所以能穿石，是因为它长期不懈地把所有力量集中在了一个点上。“选择”和“集中”不仅是个精彩的组合，而且还是众人异口同声强调的成功关键词。“选择”与“集中”是一个形影不离的组合，所以有选择才能有集中，而即使做出了选择也无法专心集中的话，也就得不到你想要的结果。

同样，对于营销领域的市场，选择与集中也很重要。我们不可能把所有韩国人或者全世界的人作为目标市场，即便将其作为最终目标，那也要从作为最小单位的第一个人开始。不论是什么样的产品或服务，总要有一个能够购买或签单的最初的一个人。如果就连一个人都不能变成你的顾客，那么也就无法期待后续产生 10 名、100 名顾客。明确确定你最初的一位顾客并加以集中，就会不知不觉中在该市场获得超过 10 名、100 名的顾客群。

假如缺乏对市场的明确选择，那就无法确立切合实际的正确战略。不懂得分轻重缓急，什么都想做的话，虽然忙得筋疲力尽，但实际上收效甚微。相反，善于做出选择和集中的人，不仅游刃有余，还成效显著。

当你选择一个市场的时候，就要每时每刻牢记这一点，那就是蓝海并不是永远的蓝海。因为即便现在是蓝海，可过不了多久它必定会变成红海。像现在这样变化迅速、变幻不定的社会里，不仅是蓝海，红海也不会是永远的红海。重要的是不管是蓝海还是红海，我们都应该怀着有朝一日它们肯定会发生变化的心态来准备下一步。选择市场也好，集中投入到已选择的市场也好，事先设想一下其变化并做好准备，这比什么都重要。

进一步具体地剖析选择和集中这二者之间的关系的话，选择应该是一个从大框架开始逐步缩小范围的方法。假如选择了旅游行业这一大框架的话，在下一个阶段就要选择具体范围，即选择国外还是国内。若选择了国外旅游，那就得再进一步选择更为具体而细致的框架，比如选择欧洲还是东南亚等。也就是说，要在逐渐缩小选择范围的同时，对于需要集中的部分加以具体化。简言之，只选择了大框架而没有确定需要实施的具体事项，则很容易失去重心。如抱有“最近有个市场好像很能挣钱”或“这也干那也干，定能赚很多钱”的心态，什么都参与或尝试，就绝对没有办法集中。从表面上看来，貌似事业不断扩张和繁荣，但实际上很有可能会出现赤字或落得徒有虚名的结局。

市场的“选择和集中”对我也相当奏效。我立下了选择市场的三大标准，其一是“能够积极发挥自己强项的领域”，其二是“竞争不激烈的领域”，其三是“虽然竞争激烈，但通过差别化可以获得成功的领域”。

作为第一个市场，我选择了车友会。因为我平时对汽车很感兴趣，并且有丰富的相关知识和信息，所以与车友会的会员们见面时，我能够如鱼得水般地发挥我的强项。

第二个市场，包括很多领域，具有代表性的就是演艺市场。演艺人士也和普通人一样需要保险，与普通老百姓相比，这是个竞争不够激烈的市场，但有一个缺点就是要想见到他们很难。因为和演艺界人士没有什么交情，所以我反复琢磨有没有可以见到他们的方法。找到经纪人或经纪公司倒不太难，但是依靠这种方法难以与演艺人士直接面对面。经过一番思索，我的脑海里突然浮现出了“美容院”，因为美容院是演艺人士经常出入的场所，并且他们会以素颜来到美容院，我想他们不便与他人同行，所以通常会孤身一人前来。我以高级美容院聚集的清潭洞为中心，经过逐步缩小范围发现，这一地区能够有效切断与外界联系的，即搜寻并筛选停车场与美容院直接相连的建筑物，最终剩下了三家。通过这一过程，我不仅接触到了演艺人士，与他们形成了良好关系，还“创造”了顾客。紧接而来的就是通过不断的引荐、开拓和管理，得以构建和壮大只属于我自己的稳固的市场。

第三个市场的成功与否在于差别化。这个市场原本属于红海，因此，若没有明确的差异化武器，就连投个筹码也都是件愚蠢的事情。由我闯入并获得成功的典型市场当中就有医院，医院规模越大，每天到访医院的寿险营销员就越多，这也是理所当然的事情。他们所希望的只有一个，那就是见到院长促成保险合约，不过大多数人就连见个面都很困难。为了见到一位牙科医院的院长，我曾经故意洗了三次牙。既然他不愿意见作为保险公司理财师身份的我，我就以顾客的身份见到了该院长。为了见到院长，很多营销员大都遥遥无期地坐在医院大厅等候，而我不喜欢这种方式，因为和医院院长一样，我的时间同样也很宝贵。见到牙科医院院长，我尽可能不提及保险话题，想必关于保险商品他们早已从很多理财师那里听得不耐烦了。远离保险这一话题，反而更能富有人情味地进行沟通，更能和他们有效地形成情感共鸣。这就是令我在红海领域获取成功的差别化武器之一。

要么找出能够有效发挥自己强项的领域成为顶级营销员，要么选择竞争略低一筹的领域战略性地开拓市场，要么就投身于竞争最激烈的领域，通过差异化使自己脱颖而出，这就是我作为保险理财师的时候，对市场做出“选择和集中”的核心要领。

再强调一次，做出选择并集中投入某件事情之前，首先要做好应对变化的准备并制订相应计划，因为既没有永远的蓝海，也没有永远的红海。

格局不同，战略不同

有时候看着一个演员将角色扮演得淋漓尽致，就会觉得“他是个真正的演员”。有可能他在现实生活中正经受着相当大的痛苦，可他却仍然能够全身心地投入剧情当中，让人不禁心生感触。

想要成为营销大统领，就必须成为“全能艺人”。虽然不像演员那样在脱离现实的世界当中“演戏”，但是有必要随着市场、人、时间和地点等环境的变化，构思出不同的战略和战术。

把传统市场作为主打舞台进行营销活动的人，若身着西装和亮晶晶的皮鞋、提着公文包穿梭在传统市场，就很难与市场商人们打成一片。相反，T 恤衫配牛仔裤会给人以更加适宜、随和的感觉。可想而知，实施具体行动之前，做好对营销活动对象——市场和顾客的研究是必不可少的。如果认为顾客应该适应自己，那就大错特错了，因为依据顾客的偏好和生活环境，需要适应其中的是我们自己而不是别人。

从事市场营销这一行业之初，我就着手开拓以药材而出名的京东市场。因为喜欢与人交谈，而且还有着让对方感到舒适的性格，所以我认为传统市场是个发挥我个人强项颇为不错的舞台。起初我和往常一样穿着整洁的西装来到了市场，可没过多久我也像市场商人那样换成了休闲服。也就是说，传统市场也同样需要做出具体的选择。在众多的药材商中我把营业对象限定在批发店店主上，因为与整天难以有空闲时间的零售店店主相比，批发店店主一般除了早晨卖货和晚上进货的时间段，其他时候都比较闲暇。忙得不可开交的人和时间比较宽裕的人，二者相比之下当然是后者更容易做交流。

我对药材充满好奇，当我问“我气管不好，用什么药材好呢”等问题时，店铺老板们总是很乐意且亲切地向我介绍。我并不是以保险公司营销员的身份与他们打交道，而是作为对药材感兴趣的年轻人与他们建立了交情。我的着装也好，态度也好，与毫无疏漏、做事严谨的营销员不同。我有着能与市场商人们舒服地打交道的一种朴素，所以能缩短与市场商人们的距离。这样开拓的京东市场，当时不仅成了我了不起的人脉资产，而且也带来了丰厚的业绩。

开拓新市场最重要的是心态，也就是不固执己见，尽最大能力迎合市场和顾客的需求。不仅要站在顾客的视角重新塑造自己，也要配备一把与他们沟通时所需的钥匙。战略要根据不同的市场和不同的顾客量身定制。想再次强调的是，世间所有人都具有不同的需求和心态，从事营销这一行业的人，不管处于什么样的情况，都应该成为提供商品和服务的“全能艺人”。

那么成为“全能艺人”的方法是什么呢？是不是通过庞大的阅读来掌握知识和信息就可以了呢？这样做会有一些帮助，但不是正确答案。获得知识有两种途径，一是通过书面记录或口耳相传的间接方法，二是通过直接体验获得知识的方法。作为营销员，能将市场和顾客掌控为“己有”，这属于获得知识的第二种途径。唯有实战经验，才能成就善于掌控各种环境和状况，将其据为己有，直至熟练引导顾客的资深专家。不管多么认真地啃书本和冥思苦想，也比不过用一次实实在在的碰撞得来的实战经验。

根据不同市场和顾客，战略要尽善尽美。真正的营销大统领就像电影导演一样，是个懂得在哪个时刻给出“开始”信号、什么时候喊“停”、哪种状况让临时演员上阵、需要什么样的台词等的人，是个时刻做好准备和构思一切状况的人。倘若缺乏充分的准备，即使是个非常老练的营销员，也难以勾画出一部完整的剧本，即战略。与顾客见面的时候，你的脑海里就应该早已勾画好一部完整的剧本。尽管具备了完整的剧本，但也要明智地应对各种意外情况，而这些只有经受了实战考验、积累了丰富经验的人，才能够给出有效的解决方案或办法。

市场的中心

营销员中偶尔会有这样的人，那就是发牢骚说自己公司产品的质量不如竞争对手产品的质量，或者价格贵不利于销售，或者抱怨由于缺乏公司的支援而难以提高业绩。我作为理财师工作的时候，周围也有这样的同事。不过如果静心观察，你会发现他们不只是对产品或公司存有不满，而是在各种大小事情上习以为常地产生不满。比如："今天见到的顾客，起初说得像要签合同似的，后来以老婆为借口就变卦了。干脆一开始就别那样说啊。""上个月天气太热了，业绩不好也理所当然。"

说实话，顾客的拒绝是理所当然的事情，但是把业绩不佳的原因全然归为天气，只能说这是个牵强附会的借口。可话又说回来，每次将问题归咎于别人而不在自己身上找问题的人真的很多。我可以断定这种不从自身寻找问题的人只能止步不前，停留于现状。

"因为……做不了"是消极的人或陷入受害意识的人常常使用的表达方式。面对同样的状况，持有积极心态的人往往会使用"尽管……"的说法。否定还是肯定，其实就是一个选择的问题。

谈起营销能手和营销庸才之间的差异，其中肯定会包括如产品及服务质量、价格、企业支援、市场环境等因素，但这些因素的中心是"人"。虽然也有"顾客"这一重要因素，但是"我"这个人的存在是先于顾客的。那么我是一个什么样的人？是否认为自己销售的产品、传达的信息是最好的？对于我身处的公司是否怀有自豪感，并且与公司的发展融为一体？在顾客面前，我是不是一个堂堂正正的、最优秀的营销员？

市场的中心必须有“我”这个人，由“我”来当市场的中心。不仅是市场，生活中的一切中心和主体都应该是我，这一点绝不能忘记。如果你对自己销售的产品缺乏自信，顾客肯定能察觉得到；如果你没有树立起“我最优秀”的自信心，顾客也能够看得出来你不是营销能手，所以最终不会信任你。市场营销的核心是人，你需要针对不同的人开启成功之路，而你就是市场的中心。当你的目光和头脑始终保持清醒，并且一如既往地将市场的中心打造成最佳状态的时候，你就会培育出更为宽阔、更为可靠的市场。

库的分析和管理

刚刚步入社会的新手也好，有几年社会阅历的老手也好，所有的营销员自始至终苦恼的就是“市场”。该探索哪个市场、市场转换该怎么做等，这些烦恼总会跟随左右。

解决关于市场的苦恼，首先有必要正确分析你自己的库（Pool），因为以我为中心形成的人脉库，它是个可以凭借自己的意志去改变的对象。所以通过系统地分析，就可以得到关于将来在什么样的市场遇见什么样的顾客，继而怎样打造自己所需之库等相关问题的解答。

为了使分析更加准确，有必要将自己的库按照一定的标准进行分类。对于营销员，有一个广为人知的分类方法，那就是按照以自己为中心的人际关系类型来分为熟人市场、引荐市场和开拓市场三大类。熟人市场包括基本的血缘、地缘以及通过社会关系认识的所有人。从熟人市场进一步发展，就是直接或间接地经人介绍或者可以得到转介绍的，划分为引荐市场。最后，开拓市场指的是没有任何缘故，是一个从无到有，需要创造的市场。

熟人市场是最容易接近的市场，同时也是最难以接近的市场。虽然初期的时候熟人市场是个落脚的好去处，但是如果无法脱离固定观念，就会碰到巨大的困难和局限。有效培育熟人市场有一个妙招，那就是确定关键人物。确定一个我和对方都认识的某个人，使他成为我的协助人，这样就可以从多方面营造有利局面。以同窗关系举一个例子，比如为了得到同窗们的认同，可以直接采取通过言行来表现自己的方式。不过即使非常用心地展现和宣传自己作为顶级营销员的自信和能力，也总有人会用固定观念的尺度认为“这家伙上学的时候还没我功课好”，或者以“装什么装”等偏见来做出判断。可是如果同窗当中有一个我的协助人，那么情况就会大不一样。如果我的协助人向别人说“某某人在这家公司业绩第一”，或者说“他作为公司代表，被一家日报社登过采访报道呢”，即使不用我费力说明，同窗们看我的眼神和对我的认识也会明显不一样。比起我说一百句，协助人的一两句话更能在熟人市场当中发挥巨大的威力。

对营销员而言，再也没有比引荐市场更具魅力的了。由于引荐是以早已形成的信赖和信任为基础的，所以不仅直接影响业绩，而且可以使引荐环环相扣。单凭这点，就能让营销员拿到不少订单。引荐市场最为有效的管理方法是将其系统化，给我认识的 A 和 B 牵线，让他们互相认识，就是系统化的基础。系统化的方法很简单，将个性相投的人们聚集起来，形成人力资源网即可。刚开始的时候需要我付出很多努力，可一旦走上轨道，无须我打理，沟通也会自行活跃。因我而认识的人们积极地进行交流，不仅能加深对我的信赖，而且即使不做特别的努力来管理人脉，他们也能够自行管理，所以非常有效。

开拓市场如同进军一个新市场，需要做充分的准备和计划，还需要一定程度的忍耐。既不是熟人，也不是凭借引荐，而是要搭建全新的关系，这时候共享商业思维会是一个很好的方法。找出对对方和我都有利的某种东西进行共享，并通过它能够实现一种共赢，那么开拓市场成功的概率就会大大提高。

虽然为了做好对库的分析，把市场分成了熟人、引荐、开拓这三大类，但实际上任何市场的本质就只有一个，那就是开拓。因为即使平时大家很熟悉，可最终还是得由你开拓和打造，才能够形成市场，引荐也得由你主动邀请和创建。开拓即成为熟人，而这又再次衍生引荐，这样看来，任何开始的中心就只有一个，那就是开拓。

另外，熟人也好，引荐也好，开拓也好，管理好所有市场和所有人脉的最有效的方法只有一个，那就是成为行业顶尖精英。当你成为行业顶尖精英时，即使不另做管理，也会有人找上你或有时会帮着你管理。如前面已经提及的品牌营销中所说，越是优秀的人，对他人的影响力就会越大。

管理顾客无差别化，那还不如不做。试想一下，如果你是一位喜迎生日的顾客，那么这一天你会从多少企业或员工那里收到祝福短信和电子邮件呢？作为顾客，你果真会被感动吗？如此没有任何差异化的管理方式，不仅不能感动顾客，反而会导致顾客的不耐烦或反感。机械的管理方式只能带来失败，我们需要打动的是顾客的心，而这怎能用清一色的方式来牵动呢？人与人之间形成的营销，应该以人牵动人的方式。请不要忘记，无论是线上营销还是线下营销，重要的是心与心沟通的方式。

营销要点

行动之上有战术，战术之上有战略

见过猫捉老鼠的场面吗？一般很多人误以为猫比老鼠身材大，捉老鼠时肯定会用力气制服老鼠，而事实上猫捉老鼠的时候计划相当周密，猫不仅事先算好老鼠逃跑的路线，还先往这条路线赶老鼠，一旦时机到来，就从反方向突然袭击老鼠。一句话，就是制定战略和灵活运用战术。就连猫捕捉比自己小而弱的老鼠都如此周密地计划，何况在营销世界里，想要打动挑剔而理性的顾客，怎能缺少战略和战术呢？

我们生活的这个世界，即作为营销员需要生存下来的市场，它与战场没有区别，只不过没有对准枪口或刀口而已，实际上就是一个为了生存而激烈竞争的野生世界。不仅要通过销售商品或服务创造顾客，发生机会成本就要投入资金，而且为了不让竞争对手挖走顾客，还要辛苦地维护与顾客的关系。在如此激烈的战场上，如果连战略都没有就闯入，肯定会在手忙脚乱之际向竞争对手拱手让出自己的份额。

就像没有目标就无法获得成功一样，没有战略就不可能达到预期的结果。有了明确的目标，才能规划出具体的行动计划，有战略才能实现与其相对应的战术和行动。

战略和战术的关系可看作营销员和顾客的关系，在做好对顾客的事前调查和分析的基础上制定战略是营销员的工作。相反，战术百分之百在于顾客，因为顾客的所愿和所需对于市场营销而言是战术的核心。

比如，在见一位顾客之前，营销员制定了一个适用感性接近法的计划，这是营销员制定的战略，但是战术则要通过与顾客的会面才能确定。要善于引导顾客让他通过自己的言行主动表现出“所痒之处”，而营销员就恰如其分地给顾客抓痒痒就可以了。

在市场营销方面，战略是以营销员作为中心而确立的，而战术的中心却在于顾客。归根结底，不是了不起的人会成为营销大统领，而是善于找到顾客所愿和所需的人才是真正的营销大统领。要找到顾客所需，就该成为在任何情况下也都能灵活应对的“全能艺人”。

大统领是战略家，而不是战术家。就像一个国家领导人无法亲自从事国家事务中的细微工作一样，人的能力是有限的。如果你想每个月签 100 个合同，那么应该怎么做呢？一个月内要见 100 名顾客吗？这显然不符合战略家的心态，应该是见 10 名顾客，继而由他们向你推荐直至 100 名顾客。能够将这 10 名顾客变成自己的协助人的人，才是真正的战略家。

行动之上要有战术，战术之上必须有战略。想成为出色的战略家，彻底的事前准备和分析是必需的，而且战术要从顾客身上寻找。寻找战术的方法其实比想象中简单，首先你要向对方开诚布公，对方也会向你敞开心扉，然后就能够共享一切。可是如果为了开诚布公，向对方直露自己的心情或感情，那会令你很尴尬。即使顾客与你的想法不一样，而且恼人的状况接踵而来，但是你的态度仍然要始终如一，否则顾客有可能再也不想见到你。

我总是用大写的字母 C 来表示“顾客”，这是出于对养活我们的顾客的尊敬。在麦肯锡，如果有人书写顾客时第一个字母 C 没有使用大写，他就会受到严厉惩戒。这是我在那里领悟到的教训。

——汤姆·波得斯（Tom Peters）

第 3 章

抓住顾客的目标营销

3

迎合顾客的种种需求

在市场营销世界里有一个绝对不变的原则，即“顾客就是上帝”。正如 HDNet 联合创始人马克·库班（Mark Cuban）所言：“把顾客当成上帝，因为他们确实是上帝。你绝对不能忘记你是顾客的仆人。”

关于爱情的许多定义中有这么一句话，那就是“爱情是两个人朝同一个方向看齐”，用这句话来描述顾客和营销员的关系再合适不过了。通常顾客和营销员之间发生的一些问题或纠纷，大多是因为没有向同一个方向看齐。二者想要看往同一个方向，营销员就该懂得迎合顾客的需求。既然称顾客为上帝，那这也理所当然。再次强调，不管顾客的性别、年龄、身份如何，每个顾客都要因人而异，因为他们的需求各自有别。因而，想要迎合顾客的需求，你就得成为一个“全能艺人”。

有一天，庆州[①]一位与我关系非常好的顾客给我引荐了一位补习学校校长，并且希望我去见一面，但是因为对庆州人生地不熟，我不禁有些茫然。不能做到知己知彼，就只能百战百败，所以不管怎样，我都要做好关于这位准顾客的事前调查和相关准备。我经常对后辈讲这样一句话，那就是：“唯一不被人们误

---

① 庆州：地处韩国庆尚北道的东南部，是古代新罗王国首都金城所在地，现在是韩国的主要观光城市。石窟庵、佛国寺和庆州历史区均被列入世界遗产名录。

解为跟踪狂的就是营销员这个职业。”通常一个普通人对某个特定人物问东问西，很容易被人误解为跟踪狂，但营销员例外。执着地进行调查和分析，不就是专业营销员的任务吗？！

去庆州之前我做了两手准备，一方面，得知补习学校校长使用方言，我下功夫练习了当地方言，而且为了熟悉方言，每当有空就打电话给庆尚道的熟人，和他天南海北地聊天，努力练习方言。另一方面，我对庆州当地的补习学校环境做了一番调查。我打电话到该地区的 114 查询：“若您不忙，请告诉我××区有多少补习学校，好吗？”，话务员一听是为了送孩子去补习学校正在打听各种情况，就欣然告诉了我相关信息。补习学校校长的家庭环境则通过介绍人得到了一定的信息，虽然不完整，但还算掌握了比较翔实的资料，根据这些我拟定了所需策略。

在没有对准顾客做好事前准备的情况下，不管三七二十一就直接给顾客做咨询，即便是非常专业的营销员，也难免落得徒手而归。显然，当场的随机应变是有局限的，但即使做好万全的准备，变数也会经常发生。面对做咨询时发生的各种状况和拒绝，营销员能够通过“先处理拒绝”和“将心比心营销”的方式行云流水般地加以解决，称其为专业营销员的能力一点儿也不为过。其实线团缠绕得再复杂，也不会毫无头绪，静观默察就不难发现，原来是一两根线缠在一起使整个线团看起来乱成一团。找到问题的核心并加以解决，这是营销员该做的，做到这点，整件事就能变得顺理成章。事先预计好顾客可能发出的拒绝，“先处理拒绝”也好，站在顾客的立场上解决问题进行“将心比心营销”也好，都要以顾客为中心、与顾客朝同一个方向看齐，只有这样，销售才有可能成功。

作为营销员，我们应尽量迎合顾客的种种需求，但同时也需要思考一下这样一个问题：是否有必要在自己很不情愿的情况下也要委曲求全。勉强迎合，就只能是虚情假意，而顾客是不可能喜欢虚情假意的营销员的。遇到这种情况，需要一种转移话题或转换环境的智慧。假如有一位爱喝酒的顾客，每当与我见面都邀请我喝酒的话会怎样呢？可惜的是，我不但不喜欢喝酒，考虑到健康，还得远离酒。因此，与其硬要装作没事的样子不情愿地喝酒，倒不如营造两个人都能接受的氛围，即顾客按他的嗜好喝酒，我按我的情况喝饮料。

如果与顾客有对立的一面，你首先要做的就是接受顾客。若这点难以做到，则需要通过双方的协议转移话题或转换环境。请不要忘记，凡事以顾客为中心，这是毋庸置疑的。

韩国熊津食品前任社长赵云浩（现海特真露集团总裁）原先是一位对饮料和市场营销知之甚少的财务人员。之所以能够打造秋天大枣、晨之露玄米汁、青梅汁等热销产品，是因为他从未间断过对顾客进行研究、探索的努力。由他撰写的《假如谁都不做，就由我来做》一书当中，就很好地阐释了这些市场营销原则。他在书中这样写道：

“我们无须因为对市场营销不太懂、没有学过怕做不好等而暗自神伤，也不要妄图从营销书籍中找到专属于你的成功秘诀。如果想要卖出你的商品，那么就坚持不懈地站在顾客的角度去考虑，读懂他们的心声。只要做好这点，你就已经懂得了市场营销最重要的原则。”

市场营销的关键藏在顾客的心里，所以尽管拥有渊博的知识和出色的技巧，但如果不能读懂顾客的心，是绝不可能成功的。

打动顾客内心的情感营销技巧

有一个保险理财师面对顾客做咨询，假如他给顾客推荐 20 年以后能够获得 1 亿韩元的产品，请思考一下在下面的两种表达方式当中哪种更有效。

A. “为了应对将来的不时之需，您难道不需要从现在就开始做准备吗？20 年之后肯定会需要 1 亿韩元的。”

B . “您的子女 20 年之后会长大成人，届时如果有一笔可当作子女成长的资金会比较好。现在立即让您每月缴纳 50 万韩元的保险金，会让您感到有负担，但是换成每月往孩子身上投资

50 万韩元，这就不一样了。虽然 20 年以后的事情我和您都无法预测，但 20 年以后必将到来是个确定无疑的事实。”

从最终结果而言，A 和 B 想要达到的目标是一样的，但是他们的接近方式完全不同。相比之下，A 没有什么特点可言，是个相当一般的接近方式；而 B 则是刺激顾客情感的方式。虽然这会因顾客的倾向或情况等而有所不同，但是通常 B 比 A 能发挥更大的作用。

营销员必须是一个情感丰富的人，因为他所需追赶的是顾客千差万别的情感。所谓追赶，意味着敏锐地把握和刺激情感。若无法刺激顾客的情感，营销只会困难重重。

需要注意的是，这里提及的刺激情感不是指激起一时冲动的技巧，这种刺激只会令顾客不愉快。本着正直的态度，发现顾客的情感需求，将其恰如其分地运用就好。

就情感技巧的适用对象而言，女性比男性更为适用，这是因为通常女性远远比男性感性得多。对于理性、辨别能力强的男性过度使用情感触碰的话，反而会产生副作用，适得其反。

打动顾客内心的情感营销技巧，好比画画，能够给顾客营造一种意境，使其仿佛身临其境一般。如果是劝说顾客投保，那么就帮助顾客，让他设想一下加入保险和未加入保险时的未来情景；如果是销售汽车，那么就帮助顾客，让他在脑海中勾画一幅开着又安全又宽敞的新车，带着可爱孩子去旅游的场景。用“假如”想象一下某个特定的鲜明形象，顾客就会产生一种如同现实般的感受，他的心也就自然而然地倾向于更好的那一方。

运用这种形象化方式来交谈，我曾经多次打动顾客流下感动的泪水。当然有些人不喜欢这种方式，由于这是使用假想，而非现实本身，所以有的人会觉得不舒服。尽管如此，一切状况都取决于营销员怎样解决和打圆场。形象化方式的交谈可以根据顾客的倾向和情绪状态、气氛等，捕捉适当时机试一试。当我与顾客的共鸣状态达到巅峰，顾客的投入度提高时，就是利用形象化方式交谈的好时机。

情感技巧不是宣传自己、自己的产品和服务有多好，而是刺激顾客自觉自愿地动心。顾客心动往往来自小小的真诚举措。如果是位与你第二次相见的顾客，那么你可以试一下这样打招呼：“记得上星期您戴的是星星形状的红色耳环，今天是白色，很漂亮，非常适合您。”如此细节的部分也给予关心的话，顾客会因你而感动。要记住，这种小小的情感触碰，与渊博的产品知识或出色的口才相比，往往更能牢牢地抓住顾客的心。

能够刺激顾客情感的“微举措”非常多，如体贴、关心、倾听、微笑、称赞等，能与顾客一同分享的都可成为打动顾客的武器。其中最基本、最重要的就是对顾客的热爱，只有热爱顾客和珍惜顾客的营销员，才能得到顾客的心。一诺设计公司（INNODESIGN）的老总、韩国顶级设计大师金暎世[①]在他的著作《创新者》当中这样讲述：

“对顾客的热爱引出顾客的满意，这是理所当然的。人们给自己心爱的人挑选礼物的时候，往往会站在对方的立场考虑如何令对方感动。即使与对方出现意见分歧，也会努力试着去理解心爱的人。为了吸引对方的注意力，绞尽脑汁想出各种办法，认真了解对方的所愿所求，最终令对方满意。设计也是如此。比任何人都热爱将使用你设计的产品的顾客，才能真正感动顾客。”

实现顾客需求最大化

顾客有需求才购买产品或服务，而且顾客决定购买时机，通常是需求最大化达到一定程度的时候。营销员向顾客讲述、说服、提供的一切技巧和内容，都是为了驱动顾客的需求或者

① 金暎世是韩国工业设计的创始人之一，全方位领导创意咨询集团——一诺设计。在2005年美国国际消费电子产品展上，他们设计的“艾利和H10”被比尔·盖茨称赞为“开创了数字化时代的先河”。该公司的产品设计，如CT&T电动汽车、LG帝雅斯冰箱、三星Anycall手机等，让世界领略了韩国设计的力量。

为了将需求最大化。

其实需求是人与生俱来的，因为人人都有生活美满、幸福、健康、发财等欲望。适当地帮助顾客认识和实现与生俱来的那些欲望，并在一旁给予顾客信心，这就是营销员该起到的作用。

曾任美国心理学会会长的亚伯拉罕·马斯洛，他以需求层次理论而闻名于世。需求的五个层次当中第一层次为生理上的需求，它是维持生存所必需的本能欲望，衣食住行等就属于这一范畴；第二层次是安全上的需求，这是追求稳定的生活环境的安全欲望；第三层次是情感和归属的需求，这是归属于某个团体并得到认可的社会需求。第四层次是尊重的需求，即想得到周围认可的成就需求；第五层次是自我实现的需求。五种需求像阶梯一样从低到高，按层次逐级递升，而且通常是第一层次的需求相对满足了，就会向第二层次发展，第二层次的需求满足了，就会向第三层次发展。也就是说，低层次的需求得到满足，才能发展为下一个层次。马斯洛的需求层次理论对于需要正确把握顾客需求的市场营销领域，至今仍然作为重要理论来适用。

假如有一个顾客，他是积累了一定财富的人，那么第一层次和第二层次的需求已被满足的可能性很大。相对而言，这类顾客的社会需求较强。因此，满足他此方面需求的方法就是帮助其建立良好人脉或联系聚会，这对于建立和发展双方关系很有效。同样，把顾客需求拉向最大化的时候，对于已经确保了稳定生活环境而进入第三层次需求的顾客，就不能犯下重复强调“稳定收入”的错误。把握好顾客所处的需求层次，就能够通过符合他的咨询和说服来实现顾客需求最大化。

实现顾客需求最大化的交谈方法之一就是“别人都在做”。很多人是因为别人在做而做，而且惧怕别人都做的时候自己不做而被淘汰。如“与小型车相比，人人都偏爱中型车”“像现在这样不安又不确定的时代，没有不投保的人”等诸如此类的话，会给顾客提供一种必须投保的正当性和必要性。

另一种是将顾客的需求扩大到极点的技巧。如果是销售汽车，那么可以通过“既然要买车，您不想开更好一点的车吗”，或者“亲爱的顾客，即使您现在只是个新手，但终究还是会想拥有最好的汽车”等，刺激顾客把需求扩大到比现在更高的状态。但此时的极点是在可能实现的范畴之内的最高点，也就是说，对于手持 2 000 万韩元的顾客，不能劝他买 1 亿韩元的汽车。在顾客能够实现的范围之内，稍微升级一下顾客的需求会恰到好处。

实现顾客需求最大化的时候，与其从顾客自身着手，不如先从他的家人入手或从其所处环境中寻找得以实现需求最大化的要素。劝顾客“考虑到您的安全，还是建议您买更好一点的车”，倒不如说“去长途旅行的时候考虑到让坐在后座的子女更加安全舒适，选择好车更合适”，相比之下，这句话更能有效扩大顾客的需求。

挑剔的顾客才具魅力

任何营销员都会遇到挑剔又难以应付的顾客，这些顾客或者与营销员的性格、偏好截然相反，或者事事神经质地发脾气，无论说什么也听不进去，而且挑剔的理由五花八门。

站在营销员的立场，挑剔的顾客可分为三类。第一类是固守传统观念的人。例如，“××公司的产品都不好”“××公司的轿车评分很低”，即使这些并非事实或未经确认，仅凭街头传闻就盲目地跟随别人的观点，导致自己的想法也被固化。第二类是通过经验、实际经历过某种情况，或者以明确的理由或逻辑为基础而主张自己的观点的人。如果顾客曾经有这样的经历：购买了某家公司的轿车，可没多久连半价都没能收回就被迫卖掉，那么他对那家公司的印象就肯定不好。第三类是不懂得倾听且自以为是的人。不但不愿意听营销员的说明，还没头没尾地如辩解般摊开自己的主张，所以很难与其进行对话。

对待挑剔的顾客，首先要做到最大限度地认可顾客。如果承认世间所有人都挑剔，那么认可顾客也就不太难。这世上不挑剔的人其实一个都没有，站在顾客的立场而言，对于营销员推销的产品或服务，他总会有数万个拒绝的理由。若营销员表示理解并欣然接受的话，再挑剔的顾客也能够愉快地接受咨询，而且基于对顾客的理解，可以适度利用“先处理拒绝”和“是的，但是”这样的话术，处理好顾客的拒绝。

见到顾客之前，首先要做好详细的事前调查和周密的分析。需要预测顾客是怎样一个人；针对咨询中可能发生的各种情况，事先做好角色扮演分析；把握好顾客类型，采取与之相符的措施，这些是应对挑剔顾客的基本过程。无论是什么样的顾客，事前分析和角色扮演分析都很重要，而且越是挑剔的顾客，就越要做好充分的准备。

挑剔的顾客当中有备受尊敬的人和与之相反的人。上面提到的类型当中，属于第二类的是值得尊敬的人。若顾客基于实际经验或明确的逻辑向营销员展开否定性主张，那么暂且接纳顾客的主张，营销员本人更要放低姿态面对问题，并谦逊地说：“您说得对，我也受益颇多。真有那种问题，我确认之后会以其他形式再拜访您。”站在营销员的立场，或许顾客的话不怎么好听，如果顾客的主张没有错且值得认可，那么就应该敞开心扉最大限度地认可顾客，这才是真正的行家风范。对于顾客提出的逻辑性问题，想要以逻辑方式解决会很困难，采取情感方式来解决则更为明智。

相反，无任何逻辑、不懂得倾听且还自以为是的顾客，有必要在一定程度上给予强烈回应。因为即使是顾客，无论是对你还是对其他营销员，都不应该轻视。与自以为是的顾客见面时，我主要采取了这样的结束语：

“谢谢您的这一番话，今天通过您我好像学到了很多，对我以后的生活想必会很有帮助。您那么有名、聪明、厉害，而我在保险行业也是业绩不菲。日后再次拜访您的时候，我会附带更为明确的资料介绍我自己。按日程表，我今天要约见六位顾客，您是其中的第二位。每见一位顾客，我平均能够创出 30 万~50 万韩元的价值，也就是说，我今天会收获 180 万韩元。由于时间的关系，我先行一步，等下次见面的时候，希望您再次指教。”

是否认为这段话对顾客很过分呢？听到这番话，顾客也许气得火冒三丈，但是我仍像平常那样不失冷静。看着顾客发火，自己也随之生气的话，只能说明你不具备作为营销员的资质。我绝非欺骗顾客，不签合同也没有关系，但重要的是下次见面的时候必须堂堂正正，因为肯定会再次相会。

越是挑剔的顾客我越是不放弃，理由很简单，因为这是个引荐最多、最具魅力的市场。他们的魅力在于一旦认可，比起任何人都会给予你坚定的信任。他们认可的不是产品或公司，而是向他们销售产品或服务的营销员。他们的魅力还在于，成为可靠的顾客之后不但会引荐“其他人”，还会为了使“其他人”成为你的顾客而积极提供帮助。

挑剔的顾客真的很有魅力，虽然理由多，拒绝也多，可一旦打开通道，会成为你难能可贵的支援军，所以从现在开始就要摒弃“顾客挑剔又难以应付”的想法。作为一名营销员，如果先敞开心怀，接受顾客“原本就是挑剔的”，了解顾客的为人，并加以适当引导，那么顾客也会向你打开心门。如果挑剔的顾客是个不轻易打开心门的人，那你就要更加敞开心扉、开诚布公，这样顾客不仅会开始接受你，还会给你带来“引荐”这一黄金般珍贵的礼物。

推销被拒是理所当然的过程

“试了 10 次才成功地接通一个电话的时候，厌世主义者们将其看成 10%的成功率。但是成功的营销员很清楚为了销售 1 次而要被拒绝 9 次的道理。营销员视拒绝为顾客接受的基石，从而能忍耐到达成目标为止。”（塞思·戈丁）

对于某件事情该做与否，每个人都有自己的想法，核心在于判断的内容因人而异。对于理应要做的事情，人们能够竭尽所能地去克服和完成，但对不以为然的事情则无法做到，因为人们认为这样的事情属于“不可能完成”的领域。

营销员必须解决的“顾客拒绝”这一难题，也从同样的角度考虑，就会变得简单明了。如果不能把它理解为销售或签约的必要过程，那么无数次遭受拒绝的每个瞬间都会倍感挫折，深陷于失意当中。与世间常理一样，怎样看待顾客拒绝，也会因你自身持有的想法和认识而不同。顾客拒绝是理所当然的，因为顾客总会有不计其数拒绝营销员的理由。

希望所有的营销员都能以具有魅力的手段和方法来应对顾客的拒绝。就像遇到喜欢的异性，当你靠近对方时，对方若委婉拒绝，反而比直接说“同意交往”更具魅力。同样，把顾客的拒绝当作更具魅力的一种表达方式就好。轻而易举获得的成功往往不会被珍惜，而用汗水赚来的钱绝对不会被随意消费，所遇困境和逆境越多，其结果也就越具有价值。顾客的拒绝不仅理所当然，还富有魅力，它就像茫茫大海中的滔滔波浪一样，激励我勇往直前，变得更加坚强。

有些时候在给顾客提供咨询的过程当中，顾客没有拒绝，而且感觉很容易就走向签约阶段的时候，我反而婉拒了即将要签约的顾客。签约过于一帆风顺的顾客，他不仅容易解约或取消合同，而且也不会有引荐之类的事情发生。在不费吹灰之力就签订合同，但是过不了几天又轻易解约的种种顾客案例中，以下给大家介绍最常见的情况。

一个家庭的收支往往由妻子掌管。如果是每个月都发生一定规模且长期支出的保险，就理应和掌管家庭经济的妻子商量之后再确定买不买保险，可有时会有一些男性顾客漫不经心地大声直呼“我决定就可以啦”。以这种方式签合同，过不了几天要求解约或者夫妻间发生不和的可能性很大，所以有这种情况的顾客想和我签约的时候，我会向那位顾客提议“和您太太一起见面并进行说明”，要是他说“没那个必要”，我就再次这样说服他：“保险是长期的投资，不仅为了自己，更是为了家人。而我今天只听到了关于您自己的事项，即使您今天想签约，我还没有做好接受的准备。我认为您必须得到您妻子的同意，并且如果您觉得有必要，也请您妻子做好准备。今天下班之后我与您一起去怎么样？您就把我当成朋友，晚上邀请我，像介绍朋友那样介绍给您的妻子，觉得如何？”

走访顾客的家庭并签下合同的话，不仅是顾客，就连他的妻子也会成为我强有力的支援军。或许因为没有预料到的保险话题，发生顾客的妻子生气的状况，但是因为有我这个保险专家在一旁进行充分的说明，就可以做到提前防止解约。可以说这是一种防患于未然的有效方法。有时候签约的不仅包括男主人，还加上女主人或他们的子女，从而获得两倍的业绩，真可谓“一举两得”。

不贪恋眼前的签单或业绩，为顾客的真正所需而不停地思考和努力，最终一定会给营销员带来可观的利益。站在顾客的立场上换位思考，你就能够明智地做好分析，并聪明智慧地应对种种拒绝。

积极肯定的人迎来“是”

给顾客做咨询的时候，其核心在于“克服拒绝”。即便买很小的物品，消费者也会慎重地挑选。因此，对于营销员的引导，一开始就期待顾客说“是”，真的是强人所难。只有通过切实可行的方法，克服顾客各种各样的“不”，才能获得营销员所希望的成果。

克服顾客的“不”，有一项必备的原则，那就是营销员自己要成为“积极肯定的人”，这样才能从顾客口中听到所希望的回答——“是”。要想让你的顾客说“是”，营销员本身就不能说带有“不”的句子，并且不能说出否定的话，这点很重要。

像最近这样经济不景气的时候，保险营销员见到顾客以一句“最近经济不怎么好，您怎么理财”来打招呼的话，这绝对不是好办法。像“因为经济不景气我们很难做，您就买一份吧”这样的表达方式，也只会带来负面效果。想让顾客说“是”，首先自己要处在“是”的状态：“像现在经济增长缓慢的时期，很少有人像您这样仍愿意掏钱购买保险产品。”

只有营销员本人变成“积极肯定的人”，才能获得顾客的肯定。这是因为积极肯定的人，才能带给顾客好感、信任和信赖。说话事事否定，想法事事消极，就难以给予对方信赖，不会有一位顾客会向难以信任的营销员购买产品。

“消极否定的人”只能迎来“不”，“积极肯定的人”会迎来“是”。假设这样一种情况，你站在顾客的立场挑选汽车，当处于相同条件时，在以下两个汽车营销员当中，你会选择哪个购买你的爱车呢？A说：“最近经济萧条，我们也很困难，您就购买一辆吧。”B说：“我这个月当选为‘汽车销售王’，既然要买车，建议您通过××汽车公司的头号营销员来购买。”相比之下，人们是不是更愿意从营销员B那里买车呢？因为“积极肯定”是世上所有人都喜欢和羡慕的，并且是争相模仿的对象。

即便是“积极肯定的人”，他以绝对积极肯定的心态应对顾客，顾客也随时有可能喊出“不”。这时候用“是的，但是……”的交谈方式来处理顾客的拒绝较为恰当。比如，当顾客对我说“我购买的保险很多，所以不能再买了”时，我以“是的，您购买的保险很多，但是我觉得有必要为您目前的保险做一番分析，以便保留必备的保险”来回应。也就是说，先承认顾客的拒绝，再以“但是”向他提示解决之策。

不过，如果是更为老练的营销员，比起“是的，但是……”这一交谈方式，更为灵活圆滑的方式是“先处理拒绝”。先处理拒绝，就如它的字面意思，指先预测顾客的拒绝事项，然后抢占先机做处理。如果对顾客说：“上周我提供了您和您太太两位的保险规划书，但我左思右想两位一同缴纳保险费用负担可能会大一些。想必您的家庭已购买的保险较多，所以我今天来和您谈谈与其相关的追加事宜。”顾客很难说出他原先想说的“我不想买”这句话。这就是将顾客能够提出的拒绝抢先一步进行处理的情况。

“是的，但是……”的交谈方式也好，“先处理拒绝”的方式也好，只有在做好角色扮演分析的基础上才能行之有效。如果事先对顾客可能发出的拒绝和可能出现的状况没有做好对应的准备，那么在实际咨询中就很难恰当地运用。成为一个擅长随机应变的营销员，就必须经过种种练习。

韩国有一个人气很旺的电视喜剧节目叫“达人秀”，在这个节目里，笑星金炳万总是说“没做过就不要说”这句话，例如，“捡过钱没有？”“没有。”“没捡过钱，就不要说。”虽然是为了搞笑才说出的话，但这是非常正确且精练的一句话。想必没有比这更能正确地说明角色扮演的必要性的了。有句俗语叫“熟能生巧，巧能生精”，不做直接的尝试，就难以真正领悟。

偶尔会遇到这样的人，就是面对重要的事情，只会用脑子做所有准备。做演讲也好，或者做顾客咨询也好，或者开车也好，单凭大脑中的想象是否能够完整地做好准备呢？先从结论说起，这是不可能的。因为想象本身就带有明显的缺陷。做演讲，就要像在现场一样做好练习；做顾客咨询，就要假设多种情况以锻炼应对技巧；驾驶车辆的时候，要亲自抓好方向盘做实际操练，才能够掌握真正的驾驶技巧。

说实话，直接应对顾客的人真要一天不落地持续进行角色扮演，只有这样才能在为各种顾客做咨询的时候，对随时都有可能发生的状况了如指掌，处理问题时得心应手。要清楚，唯有坚持不懈的准备，才能成就营销大统领，而所谓的准备，就是指针对各种状况的角色扮演，绝非仅限于知识。也只有通过角色扮演，才能拥有多彩、充分、唯我独有的体验式学习。

我经常劝导后辈的忠言是“建立市场营销小空间”。市场营销的确像个连接迷宫的小房间一样，不仅不知道该走向哪里，会在哪里受阻，而且有时还会出现诡雷一样的障碍物。让身陷迷宫的顾客不再迷路，为他亲切地出示提示牌就是营销员应该起到的作用，如提出“请在 50 米处左转”或者“请在 100 米处右转”之类的正确告知。顾客常常陷入迷宫当中，而营销员则是引导顾客开启希望之门，走出迷宫，能够让顾客购买或签约真正所需的产品或服务的人。营销员绝对不能使迷宫更加复杂，或者以错误的提示牌让顾客更加混乱。

再次强调，克服拒绝是顾客咨询的核心，再坚定的拒绝也总有处理的方法，“将心比心”会成为寻找方法的钥匙。做换位思考——“如果我是那位顾客”，定会开启处理拒绝的明智之门。在市场营销这一行业，办法总会有的。

顾客绝不着急

顶级销售大王乔·吉拉德（Joe Girard）认为：“不管什么样的顾客，他的背后都大约站着 250 人。”从另一个角度可以将其解释为：“任何人，他的背后都站着 250 个营销员。”也就是说，如果我是一名汽车营销员，那当我与一位顾客打交道的时候，那位顾客的背后会站着很多我的竞争对手。

在如此激烈的竞争格局当中，顾客可以享受到更多的福利。比如，一个汽车营销员告诉顾客，如果顾客签合同，就免费提供车窗贴膜服务；另一个汽车营销员告诉顾客，如果顾客签合同，他会提供贴膜服务加免费赠送 6 张 CD。基于这种情况，顾客不用着急，因为耐心等待，总会出现更好的条件。也就是说，顾客在比物连类中享受福利，比如：“现在买，会对我有多少帮助？”“这个营销员是否能再给我提供点儿什么东西呢？”

这里有一个重要环节，那就是顾客与营销员不同，由于顾客绝不着急，所以单靠物质的或外在的东西就难以抓住顾客。眼下可能被物质性奖励所吸引，就想抓紧购买，但这仅仅是短期效果，难以期待长期效果。因为这不是出于对产品的品质、公司及营销员的信赖，而是被条件所吸引做出的选择。为了使不着急的顾客变得着急，换句话说，超过众多竞争对手堂堂正正地获取成功，就需要有别于他人的逆向思维。

除了物质的和外在的东西，还要想出能打动顾客之心的具有差别化的东西，最终能给顾客带来感动。一个汽车营销员本着他渊博的知识这样说服顾客：“这辆车是2498cc，比竞争车辆B系列乘车感好，噪声也少。尤其是这次从德国新进了避震器，就更加稳定。”这个汽车营销员确实是专家，不过如果是我的话，我就不会这么做。我会先向顾客说：“想必您很清楚这辆车的竞争对手是B系列，听过很多相关说明吧，所以我想对您说，请直接乘坐一下车辆。”顾客要试坐的驾驶座靠背下方事先放了一个靠垫。当顾客问“咦，这是什么”的时候，我这样回答：“在接受咨询的时候发现您姿势不正，好像腰不太好，所以就给您放了一个靠垫。试坐一下旁边的座位好吗？这里还放了一个水果篮，您猜这是为什么？是为了让您买完新车回到家里和您的太太一起来一个小小的水果宴。”要是我，就会用这样的情感触碰来感动顾客。这比那些捆绑一两个实际服务销售的方法不仅卓有成效，而且更加经济实惠。

贴出“仅一天大减价”海报的店铺次日也做同样宣传的情

况很常见，或许有被那句话吸引进到店里购物的人，不过这只是销售随处可见的低价物品时才可能出现的情况。对于销售企业价值和人的价值的营销员来说，这显然不是好方法。有些营销员以“今天签约才能使用无息分期付款”等条件怂恿顾客下单，而这个营销员第二天也说着同样的话来做销售。他与“仅一天大减价”的店铺有什么区别呢？对小事斤斤计较，就很容易因小失大。顾客不仅不着急，而且一眼就能看出“假装着急”的营销员。因这个月的期限将至而急躁地催促顾客下单，那份急躁的心情会原原本本地传达到顾客那里。

作为营销员，你绝对不能着急，你自己要不慌不忙，但要让顾客自己着急。与前面所述的情感触碰一并营造“别人都在购买”的氛围，会使顾客心动，能立即帮助顾客做出决定。如果有介绍人，那么让介绍人着急的方法也相当不错。当然，这些方法也要根据情况使用，这是很重要的，因为顾客不仅敏感，而且还因人而异，千差万别。

把握最佳时机

任何销售和签约的胜负都在于时机的把握。重要的是什么时候见顾客以及见到顾客的时候怎么做，因为“怎么做”最终也是“如何抓住种种时机”的问题。见到顾客，如果能够敏锐地找出推销自己的时机、达成共识的时机、提升顾客需求的时机、产品解说的时机、签约结束的时机等，那么在与顾客的咨询中就能发挥最好的技巧。

人与人之间想要畅通无阻地连接，就需要一个必然的交流过程。与初次相见的人也能够轻松自如地交流并结下缘分，需要探索对方、公开自己、达成共识等一系列的过程。给顾客做咨询的时候也同样需要这种循序渐进的过程，也就是说，把握好与顾客的交流进展阶段，在适当的时机采取合乎时宜的交谈方式是相当重要的，只有这样才能与顾客畅通无阻地交流，最终获得预期成果。

那么在咨询的过程当中读懂顾客的心理，把握正确时机的方法是什么呢？人的语言、面部表情、肢体等都可以说谎，唯独眼睛不会说谎。称眼睛为“心灵之窗”，也是因为眼睛能将人的内心原原本本地表现出来。对于对方说的话或反应产生怀疑的时候可以通过对方的眼睛探视真相，所以请你通过眼睛读懂顾客的心理，把握最佳时机吧。

与顾客交流的最佳时机一般经过三个阶段。

第一个阶段是顾客的眼睛直视我的状态，此时可以判断为顾客集中于我或关注我。让顾客集中于我的方法有很多种，其中之一就是“称呼名字”。先将顾客的名字用全名明确地称呼，然后暂停一下。比如，称呼“李小龙科长”之后暂停一下，这样顾客会带着少许的紧张感关注我。

第二个阶段是通过我的说明和说服引起共鸣，即顾客的需求极大化的状态。如果顾客看着我的眼睛有几秒的微微变化，这是第二个阶段已到来的信号。在这个阶段最重要的是给顾客勾画出针对未来价值和前景的美丽画面（设计），让他面对现实，以感性的判断在顾客的心里种植关于价值的信念。通过它，把顾客真正迫切希望的东西可视化比什么都重要。以我为例，我通常会和我的女儿多永一起谈论我的家人，并讲述日常生活中最珍贵的有关价值的信念。

第三个阶段是顾客被我同化的时候。顾客和我之间的紧张感消除，如果顾客也跟着我采取同样的手势或姿势，就说明进入了这个阶段。比如我继续看着顾客的眼睛并把椅子稍往后推，或者用手支住下巴又松开，或者放下交叉的双臂等的时候，要是顾客也随着我不知不觉在跟着做的话，可以认为这是第三个阶段。此时是临近销售或签约的重要时候。顾客的需求已经最大化，因此，稍微缓解紧张情绪，增添“您的一旁有我”的信任感的言语较为适合。面带温和的微笑，泰然自若地进行销售或签约相关的程序就可以。

与顾客首次见面的时候最先解决的问题就是让顾客集中于我。能够集中，顾客的心理状态就能够由我主导。由于环境对集中有着重要的影响，因此，与顾客预约的时候要尽可能避开喧哗的场所。会面开始时先试一下这样表达："对于任何人来讲时间真的很宝贵，如果您给我 15 分钟的时间，就会明白其中的价值。如果您不介意的话，请暂且关掉手机，与我洽谈怎么样？"然后自己先把手机关掉。

如果为咨询准备适宜的环境，说明时间的重要性，让顾客能够集中于我的言行，表明与顾客达成共识的话语，那么咨询过程就可以由我主导和牵引。

营销要点

破冰技巧

对于想把首次见面引向成功的营销员而言，打破尴尬的气氛或消除偏见所需的破冰技巧是相当重要的。谈到破冰技巧，重要的一项就是“怎样做好差别化”。破冰的目的是让顾客消除戒备心理，而这一目的的最终目标是“让顾客记住我”。虽然破冰能化解顾客和营销员之间的尴尬场面，但是如果顾客没能记住营销员，那又有什么意义呢？破冰是“让顾客记住我的方法”，想让别人记住我，就要有不同于他人的差异化的技巧。

初次与顾客见面只说“今天天气真好”或“听说您最近生意不错”等老套的开场白，在破冰层面起不到任何作用。别人都能说出的言辞倒不如干脆不提及。破冰的最高技巧是差异化，所谓的差异化，指的是给予对方笑容、称赞和倾听。对于以笑容、称赞和倾听来吸引顾客的“3-3-3 规则”会在第 5 章具体说明。

请不要忘记，破冰的时候需要向顾客不断地宣传你是谁。在和顾客两眼相视的状态下，即使没有言语也能沟通。不管是我在说话，还是顾客在说话，或者互相无言以对的时候，都要试着以目光进行交流，面带微笑地向顾客传递信息。比如不断地向顾客传递“我是高态亨”的信息，使自己的名字更加深刻，或者心里不断默念一条“能量咒语”，如“顾客今天会和我签合同”。我们周围通过能量咒语梦想成真、功成名就的人物事例很多。能量咒语是一个把愿望不断地输入脑海，并确信愿望能实现的强有力的方法。这个方法不仅对自己，也会对对方产生影响力。如果带着诚意与面前正望着我的顾客进行目光接触，并传达强烈的信息，就能够经历一种我传达多少顾客就反映多少的神奇体验。

每到适宜的时机笑一次会怎么样呢？如果顾客很诧异，就说：“我这样笑，您不开心吗？我是韩国微笑先生高态亨。”虽然是个小小的举措，但是这会再一次加深顾客对我的记忆。

如果想读懂顾客的心，营销员首先要开诚布公，并且引导顾客讲述关于自己的事情。可以先拿自己作为话题展开，逐渐带动对方，并让对方成为中心。

“听说您边工作边学习，我现在是硕士研究生第4学期，觉得兼顾学业和工作很难。您在哪所学校就读呢？”

“我在××大学就读。”

“原来如此。那所大学是不是曾经出过什么名人？”

“什么？”

“路过的时候发现韩国（选美）小姐毕业于那所大学。”

不过这时候与其把话题对准顾客本人，倒不如换成顾客最喜欢的人或他的家人或周边环境。要是话题仅限于顾客本人的话，出现“老王卖瓜，自卖自夸”式故事的可能性就很大。

为了破冰，积极肯定的语言和端正的姿势也很重要，因为你的语言和姿势会反映到顾客的脑海中，容易形成对个人的成见。在任何营销活动当中，第一印象占 80%~90% 的比重。所以在顾客与营销员的首次会面当中，前 3 分钟几乎就能决定一切。

顾客一般在营销员说话时很难集中精神，即使不是顾客和营销员，平常人们集中精神的时间也没有多长。读完一本书也是，留在脑子里的语句也就那么几个；看完一部电影，能想起来的场面也没有几个。按照经验，顾客集中精神于营销员所说的话不会超过 5 分钟，其余的时间要么心不在焉，要么注意力下降，即使听了也会立刻忘记。顾客受感动的话语其实就一句而已，为了那句话营销员要做种种准备，并不懈地做出理解顾客的努力。营销员试图破冰的时候要说出打开顾客心门的决定性的一句话，而这句话会起到左右成败的关键钥匙的作用。

若破冰进展到一定程度，那么接下来就要提升顾客对商品的需求，让顾客自己认识到问题，这才是适宜的顺序。我主要运用犹如在白纸上画画一样的叙述方法，和顾客一起对他的梦想和未来的价值进行思考，形成认同感。我不仅利用询问谈话法引导顾客自己找出所希望的回答，还会优先涉及其家人和梦想，然后再与顾客达成共识。在那之后通过全面的商品说明，给予顾客一种感觉，那就是他的需求通过该商品可以得到满足。举个例子：“如果您想做的事情或勾画的未来是×××，那么不仅通过本商品能实现它，而且只有通过本商品才能塑造您自己的价值。”到了最后阶段，即签合同的阶段，在缓解顾客的紧张感使其放松、提供完整解决方案的同时，强调我是“与顾客同行的重要的朋友”。从破冰到结束为止，简单回顾顾客咨询这一并不简单的过程，就会发现它也遵循着上面同样的顺序和阶段。这个过程或许看起来很困难，或许相当简单，在顾客咨询整个环节当中，破冰可看作第一个冲刺线，占据着最重要的位置。因为这是决定能否打开对方心门的第一个关卡。任何事情，没有开始，也就无法期待最终结果。

案例分析　以细化目标对象引领新潮流

韩国国内酒类行业的竞争是非常激烈的，在这种情况下，2006 年斗山酒企出产的“初饮初乐”却在保守的烧酒市场掀起了一股新风，引发了烧酒市场格局大变化。

烧酒市场在相当长一段时间里，由真露烧酒以首都圈为主营阵地占据了一半以上的市场，而其他 9 家企业始终未能越过市场占有率 10%的高墙。但是作为“自道酒”（本地酒）的这 9 家企业在当地市场的占有率达 45%~90%，这说明由于消费者对自道酒的偏好，区域占有率呈现出差距很大的特征。可是酒产品之间的口感差别程度不但不高，而且采用类似的包装设计。2006 年 2 月，首次上市的“初饮初乐”给这一市场格局带来了变化，即以低度酒和碱性水配方主导了产品的差异化，拉动了市场占有率。

公司把“该产业内部细化的市场设定为目标对象，施行与其相符的战略，排除竞争企业”当作战略核心。尤其是市场细化战略非常奏效，他们把占烧酒消费量 78%的“嗜酒人群（烧酒消费量最多的阶层和年龄群）”中的 35~45 岁先暂且搁置一边，而把 25~35 岁设定为目标对象，构思了目标营销战略。

公司对区域也设定了细分化的目标，他们没有把全国当作对象，而是将拥有烧酒 40%占有率的首尔圈作为对象。上市之初，形成舆论的意见领袖们在光华门、江南和年轻人较多的新村等地进行游击式促销。促销以10组马利亚奇特工队为中心，以“初饮初乐之歌”和音乐作为媒介展开了病毒式推广，带来了市场占有率从5%飙升到12%的效果。马利亚奇特工队模仿当时电视节目当中的人物，成功吸引了年轻的消费者。

初饮初乐明确的目标设定和市场细分战略的背后，其实隐藏了避开与真露全面竞争的意图。由于在35~45岁这一年龄层当中，初饮初乐的竞争对手真露占据着绝对的优势，因此，初饮初乐运用的是细分目标年龄层，优先说服他们，然后再让其他年龄层紧随其后的战略。

初饮初乐能够获取成功的最关键因素是迎合了年轻一代的健康需求。年轻一代早已熟悉健康趋势，鉴于他们偏爱清淡又温和的烧酒，所以不但使用了碱性水，而且还添加了天冬酰胺和丙氨酸等，推出了“健康也考虑在内”的新颖的产品理念。要想应对以“清纯”和“柔和”作为核心价值和主打战略的竞争企业，初饮初乐必须有有别于竞争对手的东西，恰好符合这一要素的就是碱性水。

从“初饮初乐”的品牌名称中就可以使人联想到“饮酒后次日仍然清爽”，而且借以斗山酒企的社长治疗大肠癌的时候亲自体验了碱性水的效能从此得以开发新产品这一事例，积极用在产品宣传上，这些对初饮初乐“健康烧酒”的形象给予了很大的帮助。

针对在首尔圈的烧酒市场上占据绝对优势的真露，考虑到单以产品量难以确保市场，就将年轻一代设定为目标对象，读懂了他们的需求，并推出了“健康也考虑在内的烧酒”这一差异化价值为核心的目标营销战略，这就是初饮初乐的成功要因。

做生意的时候为了增加顾客而积极努力的态度固然很重要，但是珍惜现有顾客也不亚于此。说得极端一点儿，珍惜和守护一名老顾客相当于增加一百名新顾客。反过来讲，要秉持一种失去一名顾客就等于失去一百名顾客的心态来做生意。

——松下幸之助

第 4 章

下金蛋的引荐式营销

4

你拥有多少粉丝

“我的品牌忠诚度测评标准是：当家庭主妇有意到一家店里购买亨氏调味番茄酱时，如果店内的亨氏调味番茄酱已经缺货，她是会到店外其他地方去购买我们的产品，还是会在那家店里买其他公司的番茄酱？”（托尼·奥赖利，亨氏食品公司前任CEO）

随着忠诚营销的日益盛行，公司逐渐把顾客当作粉丝来看待，这是因为确保忠实粉丝即热诚的顾客会给经营管理活动带来很大的帮助。即使其他公司推出类似的产品或服务，热诚的顾客仍旧会对自己信任的公司产品给予更高的评价，而且还积极向周围的人做宣传，他们真的无比珍贵。拥有更多忠诚顾客，不但对于企业，甚至对每个营销员，都是越来越重要的事项。

当一个明星拥有稳定而热诚的粉丝，那么即使他暂时陷入了低谷，也不会轻易遭受冷遇。营销员也是如此，拥护他的粉丝越多，获得的力量就越强大。对于营销员来说，粉丝是他的坚实后盾。粉丝不仅将营销员的良好形象宣传给周围的人，使营销员个人的价值得以提高，而且还会通过积极的引荐，帮助营销员提高销售业绩。

生活在当下，人们可能同时拥有真爱粉和黑粉，即使主动向别人示好，也会因外貌、性格及环境等原因被一些人看不惯，甚至由路人转为黑粉。因此，我们只能将黑粉的存在当作事实来接受。俗话说“好事不出门，坏事传千里”，黑粉的力量强于一般粉丝三倍左右。因此，作为营销员的你，假如有一名黑粉，那就至少要拥有三名欣赏你、喜欢你的真爱粉。

想让对方成为你的粉丝，要完全靠你自己。那么如何为培养粉丝提供肥沃的土壤呢？这里就要再次强调作为人际关系基本原则的信守承诺、正直、信任（信用）了。即使以出众的外表和超凡的魅力俘获大众芳心的明星也不例外，如果他的言行举止缺乏诚信，大众也只能离他而去，不再给予支持。因此，在人际关系中最重要的莫过于信守承诺等基本原则。假如有一位被你出色的口才、知识及冷静思考而吸引的顾客，你就更不能忽视通过承诺向顾客证明你的正直，以此来塑造你的诚信之塔。这样他不仅会成为你的真爱粉，还会使你获得引荐这一“金蛋”。

我从中学时期开始喜欢摇滚乐，成为高中生之后，因为单纯喜欢音乐开始学架子鼓并能演奏。为此，服兵役的时候我就当上了部队的文艺宣传队队员，而且这一兴趣和特长在我成为理财师的时候也派上了用场。我与我的顾客们一起组建了一个乐队，这是由五人组成的乐队，除了我，其他成员都是我的顾客。由于大家都是上班族，难得聚在一起，所以每年我们只举办两三场演奏会。

每当乐队演出时，来观看的观众大都是我的顾客。每次我都会赠送他们两张票，并告诉他们："当您把我介绍给其他人的时候，要是有对我感兴趣的人，那就请他一起来观看演奏会吧。"当顾客的熟人以轻松的心态来到乐队演奏会现场的时候，会比遇见身着死板西装的我更容易向我敞开心扉，产生好感。

对于营销员来说，最大的喜悦莫过于"引荐"，而且创造这种喜悦的往往都是对你始终如一的那些粉丝们。引荐的力度和大小取决于粉丝数量的多少，因此，不善于培养粉丝的营销员不但难以发展，即使发展了，也难以持续维系稳定的关系。

将引荐导向切实可靠的合约

假设我的粉丝向我引荐了一名他的熟人，那么剩下的事情就是与顾客的这位熟人达成共识，并将他变成我的又一名忠诚粉丝。不过在此之前需要考虑一个问题，那就是介绍人虽然是我的粉丝，但他还没有在我这里购买过产品或服务，当他向我引荐他的熟人，我就难以对介绍人寄予较大的期望，因为介绍人的影响力是有限的。

假设我是一名汽车营销员，平时跟我很熟的一位前辈 K 向我引荐一名他的熟人。前辈说："我还没有到换车的时候，给你介绍我的朋友吧。"然后就将 B 介绍给了我。B 在考虑是否要买我推荐的车时，会问 K："你坐过这辆车吗？"或"你通过这个人买过车吗？"此时前辈 K 能回复 B 的差不多也就这么一句："没有，我只试坐过，因为觉得挺好，就介绍给你，并且他又是我熟悉的汽车营销员。"也许有成功签单的可能，但在这一过程中介绍人的影响力是非常微弱的。

其实介绍人的影响力相当重要，之所以将引荐比喻为"金蛋"，不仅是因为它能够让我与某人相识的这件事情本身就非常可贵，而且成功的概率通常远远高于常见的开拓法。介绍人的影响力是提高成功概率的决定性因素，而通过我购买过产品或服务的顾客是最为理想的介绍人。

当从顾客那里得到引荐时，你会发现顾客介绍的人有某些相同的特性，即"物以类聚，人以群分"。尽管我们能遇见很多人，但通常一个人能拥有的人脉范围总是有限的。特别是向营销员引荐自己的人脉时，大多是同类人，所以经顾客引荐而认识的人，他选择购买与介绍人相同产品的可能性很大。假如介绍人购买了养老保险，那么他引荐的熟人也同样会购买养老保险。简言之，引荐能够复制生成。

顾客引荐他的熟人，需要对其提供咨询时，我尽量与介绍人一起同行，因为这是利用介绍人的影响力最直接、最强有力的方法。与介绍人同行的话，营销员基本上不用做什么，这好比战场上原先一对一的战斗变成二对一的战斗，我有了一个可靠的盟友。有了这个盟友，即使我不亲自上阵，也会由介绍人在一旁顶替大部分的作用和角色，我只需在旁边点点头即可。

顾客的作用并不仅限于他自己，而是具有无限的可能性，所以我们不仅要做好顾客管理，还要全力以赴让顾客变成我们的粉丝。借助于提供超越一般的顾客和营销员关系的服务来打动顾客，形成顾客和营销员之间的共鸣，通过一同举行业余爱好活动或聚会等方式，与你的顾客一路相伴吧。尤其是如果能共享爱好或聚会的话，就很容易自然而然地发展为引荐。顾客的引荐确实力大惊人，因为如果他不信任我或不喜欢我，就不会介绍自己宝贵的人脉。不过引荐并不是受我嘱托，而是顾客主动自发地为我而做。像小孩子耍赖一样要求顾客引荐他人的话，顾客肯定会觉得有负担且反感。

待人不应有贵贱之分

从事市场营销，要以“多数人都是我的顾客”的心态来接近顾客，这是作为营销员必须具备的基本心态。比如在一家制药公司工作的营销员，他不能将营销对象仅限于医生和药剂师。虽然首要顾客非他们莫属，但实际购买并服用药物的则是一般公众。一般公众可以随时向医生或药剂师坦言相告“这个药很管用”或“请给我那个药”。足以见得，这种力量的确无比强大。即使是相当稳定的顾客群，也不能忽略除此以外的消费群。人是很容易受他人之语影响的，尽管可以以新老一代和不同性别对人群加以划分，但是彼此之间还是会相互密切联系和影响。归根结底，我们有必要具备这样的基本思维，那就是每个人都是市场营销的对象。

营销员对每个人不应区分贵贱的理由也在于此，所以与人见面也好，形成人脉也好，不应根据年龄、职业、学历等任何标准来进行划分。待人不应有贵贱之分的另一个理由是任何人都有可学之处。就如“他山之石，可以攻玉”，通过他人错误的言行我们也可以让自己不断成长。

在营销领域摸爬打滚多年，经历了各色人等，我总结出的经验是“每个人总会有一个以上的可学之处”。我们通常讨厌乞丐，理由是乞丐又脏又臭，但即便如此，在他们的身上也能学到东西和得到某种帮助。我曾经有过这样的经历，通过偶然在首尔站相识的乞丐的介绍，我成功签下了几个重要的合同。认识他虽然不是为了提高我的业绩，但他对于我们之间的坦诚对话感到非常高兴，就把以前与他关系很亲密的朋友引荐给了我。

所谓人没有贵贱，是指不应该以人的穿着、轿车、楼房的面积、学历、社会地位等条件来评价和判断一个人。这些条件也不过是区区一个外壳而已。要是仅以看得见的外在的东西和数据来判断和评价一个人的话，本该穿透人之内心的双眼也就像失明了一样，会因以偏概全而看不到真实的情况。

与某个顾客见面也好，走访顾客也好，或者打造人脉也好，我们都应该心无偏见地看待原原本本的“他”，而且不能有私心杂念。尽管自己的工作是通过会面与交流创出直接利益，但对待会面和交流须保持真诚。只有真诚待人，对方才会向我打开心门。

不管是见朋友还是见他人，请不要忘记上面所提及的身为营销员应该持有的心态。即使无法立即卖出产品或签单，也要给人们留下对我及我任职的公司的良好形象。这是营销员该起到的作用，所以要刻骨铭心地时刻牢记它。

每天不断开拓进取

我曾经偶然看过有关世界级网球选手的报道，报道采取静态图片方式对该选手最近和往届大赛中的比赛动作进行了对比。令人惊奇的是，从同一角度拍摄的两届大赛中选手的动作惊人的相似。同一动作中胳膊的角度、手握球拍的位置、球的高度，甚至连盯着球的眼神也一模一样，令人瞠目结舌。可想而知，这位选手是多么热衷于刻苦的训练，多么追求准确度。我认为这才是真正的顶级职业选手的形象。无论是什么行业，不经过无数的训练、失误和错误，也就难以造就一个很专业的人。为了成为市场营销行业的一流专家，我们也理应成为刻苦的训练兵。

营销大统领就是在市场营销活动中获取成功的人。只有不断努力、不断付出、不断训练，才能成为一流专家。回想起我做理财师的那段时期，不管是走路还是坐地铁，心里总想着这样的问题：要与什么样的顾客相对？与谁的目光对视？只要不是无生命体，我都会做出某种示意。有一次走过宠物医院时，我与偶然对视的一只小狗进行交流，这令我和小狗的主人亲近了起来，还签下了保险合同。小狗的主人见我非常喜欢小狗，因此对我产生了好感，有了“小狗”这个纽带，我们很快就变得亲近了。

在一些有了稳定顾客群的营销员当中，有些人因为满足于现有的市场而对开拓新市场变得懒惰松懈，这样的营销员过不了多久他的发展必将受阻、停滞。没有开拓就不会有引荐，无心挖掘新的顾客，只依靠现已形成的市场，终究会面临市场见底的状况。正如前面提到的网球选手，虽然已经成为顶级的职业选手，却还在夜以继日地勤奋训练，这才是真正行家的世界。想在市场营销领域成为专家，就要马不停蹄地挖掘新顾客。

马不停蹄意味着自始至终不会有懈怠。想象一下玩跑轮的仓鼠，仓鼠跑得越快，跑轮转得也就越快。如果把仓鼠试想为营销员的话，根据玩跑轮的勤奋程度，也就是根据工作的积极性，市场、业绩、人脉会越来越壮大。仓鼠的跑轮大小是固定的，而营销员运转的市场则因离心力而变得越来越大。倘若仓鼠暂时离开跑轮去喝口水、吃点儿东西休息一下，然后重新回到跑轮，由于已经吃饱喝足，就有可能懒得跑了。营销员必须每天不断开拓的理由也如此。也许你认为暂时的懒惰没有什么大不了的，但暂时懒惰所带来的波及效应绝不可小视。懒惰是营销员最大的敌人，为了始终保持清醒的状态，我们绝不能停止跑步。

成功学的世界级巨匠诺曼·文森特·菲尔有这么一句金言：“谁都会有被热情燃烧的时候，有的人是 30 分钟，有的人是 30

天，而成功的人生是满怀热情 30 年。”燃烧片刻热情的人很多，但将它持之以恒并付诸实施的人并不多。必须认识到，这就是决定人生成功与否的不变的事实。

营销要点

人脉的惊人秘密

乔·吉拉德是意大利人，出生在美国，他起家于擦皮鞋，但日后成了美国销售行业的传奇人物。他的 1:250 定律，即“不管什么样的顾客，在他的背后都大约站着 250 人”，至今仍然对许多营销员影响甚深。不过在韩国，从事销售行业的人需要对 1:250 定律加以修改，因为韩国的实际情况与美国有很大的区别。

以我的销售经验来看，在韩国，一个人的背后大约站着 1 000 个人，所以不是 1:250，而是 1:1 000。韩国目前仍然是一个通过地缘、学缘、血缘凝聚起来的社会，在一个血缘优于一切的社会里，在一个注重学历的社会风气里，符合同门出身这一条件就给打高分的氛围依然如故。如果是男性，还要加一项在军队里结下的人缘，可见韩国相比其他国家，所谓的“缘”，也就是关系的影响力是极大的。

“地球上的人只要通过 6 个阶段都会彼此认识”这一理论在西方由来已久，并且已经通过各种实验被证明。可是这个理论在韩国也要改变，即把“6 个阶段”改为“3～4 个阶段”。

举个例子，假设一下，我想见某个城市的市长，他与我没有任何关系，但是通过 3~4 个阶段，我肯定会见到那位市长。首先，打电话给在那个城市里居住的熟人并拜托他："我必须与市长见面，请你介绍一位与市长有联系的人给我吧。"如果没有居住在此的熟人，那么就通过其他熟人的介绍，也可以联系到该地区的人，大概只需再加一个阶段而已。然后在下一个阶段就可以见到市长。就这样，只需通过 3~4 个阶段，就可以见到与我没有任何关系的人。

在韩国，只需 3~4 个阶段就可搞定的原因是，韩国是个互联网强国。互联网的发达使很多事情变为可能，不仅可以得到一个完全陌生的人的信息，还可以扩张人际关系，与陌生人实时交流。没有住址或电话号码，也能通过电子邮件这一手段来做交流。假设有一位顾客向我介绍他的熟人，他仅仅告诉了熟人的名字和他是哪所大学的教授，但通过互联网我就能够搜索到那位教授的联系方式和邮箱地址，并与他取得联系或直接去找他见面。实际上，我曾经通过这种方式的介绍，将一位教授变成了我的忠诚顾客。

生活在韩国的营销员有着"1:1 000"和"3~4"个阶段这样的好环境，如果能够将其有效利用，那么会对挖掘新顾客、拓展引荐市场起到如润滑油一样的作用。

案例分析 以引荐营销构筑成功

每天投资24小时来确保引荐和构建顾客忠诚营销

□ 铃木康友

铃木康友是日本索尼人寿保险的营销员，他保持着每周签下两个合同并足足持续了543周的纪录，也因此被载入了吉尼斯世界纪录。他对引荐式营销呕心沥血，将全天24小时投资到确保引荐及构建顾客的忠诚度营销上。我们来看看他是利用什么诀窍，从老顾客那里得到新顾客引荐的。

如果每次见到顾客，都像乞讨似的跟顾客要求说“有认识的人，就请引荐给我吧”，这既会让对方尴尬，也会令自己有些畏缩，变得渺小。铃木康友是这样做的。在与顾客的事宜告一段落，暂且轻松闲谈的时候，假设对方问铃木康友：“您住在哪里？”那么他会先回答：“我住在×××。”然后他会紧跟着问顾客：“在我家附近您有熟人吗？”这样一来就可以非常自然地形成一个获得引荐的契机。这时不要含糊其词地说如“引荐任何人都可以”之类的话，而应该在前面加上“×××地区”或“×××公司”等，尽量把可能的范围具体地告诉对方并拜托。如果采取“引荐任何人都可以”的方式，对方就不知道该引荐谁。

若与顾客聚餐，就可以将其当作收集信息的机会来利用。在话家常之余，可以自然地将话题转为对方的朋友关系，提到了具体名字就好好记住，然后装作去洗手间把信息记录下来。

但要切忌当场拜托引荐，因为这是对方和我的私人聚餐，所以正式拜托引荐是不妥的。等到次日，再走访对方并郑重地拜托："拜托你引荐×××给我。"要是对方问起"是怎么认识那个人的"，那么就如实地告诉顾客："其实是昨天您谈及×××时我去洗手间记录下来的。"听到这句话的顾客会认为"你是一个有能力的营销员"，并且认可你的职业精神。

为了不同寻常的成功确保找到关键人物

□ 保罗·麦尔

最年轻的吉尼斯世界纪录保持者、美国的保险营销员保罗·麦尔，19 岁入伍到空军，以体育教官身份服完兵役，退伍之后虽进入大学学习，可是由于家境困难，他只上了 3 个月的大学就决定辍学，并想进入保险公司工作。不过因为年纪小，加上不是大学毕业，说话也结巴，没有一家公司愿意录用他。他被很多公司拒绝，拒绝的次数多达 57 次。即便如此，每次遭到拒绝，他都没有放弃对自己的信念，每次都咬着牙以"你们错过了这个国家最优秀的营销员"来激励自己。

没过多久，保罗·麦尔被一家保险公司录用为营销员，而他竟然在一年内创下了新保单业绩达 100 万美元的惊人纪录。这是他年仅 27 岁时取得的巨大成功，可他并没有满足于此，而是接着挑战要在最短时间内达到新保单 100 万美元的业绩，结果他在一天之内就创下了新保单业绩 150 万美元的纪录，最终成为百万富翁。

保罗·麦尔有一个故事很有名，就是他如何使一位大集团的董事长成为自己的关键人物的故事。

刚开始做销售的新手保罗·麦尔认为必须将一位大集团的董事长变成自己的关键人物和协助人，并通过他的引荐才能够获得成功。他确信拥有一位重量级的关键人物能使他在这个领域取得比别人更大的成功，所以将此作为自己的目标。可是他想挖掘大顾客的努力却屡屡失败，要么还未和当事人见面就被秘书拒绝，要么干脆吃闭门羹。有一天，他想出了一个妙招，拿着一个包装得很高档的小礼盒去找一家公司的秘书。

“这是送给董事长的礼物，请他亲自打开看看吧。”

通过秘书接到小礼盒的董事长打开礼盒一看，里面居然有一封信，信里面这样写道：

“我和上帝也能天天打交道，为什么董事长却如此难以见到呢？如果您能为一个渴望成为出色营销员的人腾出一点时间，我将感到无限荣幸……”

董事长看完这封信，不但与保罗·麦尔进行了面谈，而且在那次面谈之后，两个人终生维持了亲密的关系。依靠这位董事长的引荐，保罗·麦尔第一年就达到了惊人的业绩。保罗·麦尔从事营销员的工作期间，这位董事长自然而然发挥了最有力的协助人兼关键人物的作用。通过保罗·麦尔的故事，我们可以再次确认关键人物是给营销员带来很多顾客的重要因素。

1 000 万名顾客中的绝大多数平均大概只和 5 名 SAS（斯堪的纳维亚航空）的员工直接接触过，接触的时间只有短短的 15 秒。5 000 万次的关键时刻（Moment Of Truth，MOT）正是衡量 SAS 公司成功与否的瞬间。

——杨 · 卡尔森（Jan Carzon）

第5章

顾客咨询所需的实战技巧

5

留下好印象的七大要素

让对方了解自己的最佳时机是第一次的见面，这是因为“人们在评价他人时认为最初接触到的信息要比之后接触到的信息更为重要”。（摘自安·戴玛瑞斯和瓦莱丽·怀特的书《第一印象》。）因此，与顾客的第一次见面是十分重要的。关于第一次见面的重要性，甚至还有这样的见解，那就是如果在前 5 秒内没给人留下良好的第一印象，那么就得花费 40 小时来纠正它。决定第一印象的要素非常多，包括能用感官感觉到的一切。不仅是外表，各种各样的表现和反应作为评价一个人的标准，也会以某种形象记忆在大脑中。因此，我们为了给他人留下良好的第一印象，有必要做好充足的准备。当然这并不仅仅局限于第一次见面，因为我们无法知道顾客是在何时何地如同拍照一般对我们的言行举止留下记忆的。

下面逐一介绍营销员能够给顾客留下好印象进而进行成功咨询的七大基本要素。请不要忘记根据不同的市场、顾客、情况来设计自我形象，这是一把决定和左右市场营销成败的钥匙。

□ 外表

你是否认为营销员一定要保持着装正式呢？很多人会这样认为，但这并不是绝对的。着装正式有时候是好的，但也有不好的时候。比如在开拓京东市场的时候，相比正式的着装，看起来很舒适的便装是更为有效的策略。重要的是根据市场和具体情况，着装也要做相应的策略性变化，策略的核心在于“与顾客容易同化之处”。与形形色色的顾客打交道的营销员，必须时刻做好不论在什么样的场合都能够和顾客同化的准备。为了迎合各种各样的场合，尽可能带多种鞋、衣服、眼镜等物品以便搭配。

如果是和顾客第一次见面，要尽量把自己设计成很阳光的形象。如果是男性，可以佩戴色彩鲜艳的领带和闪亮的手表。此时如果一直保持微笑，并使用积极肯定的语言来介绍自己的话，对方会记住我是一个“令人心情愉快的人”。为了打开顾客紧闭的心门进行破冰时，在第一次见面的场合保持阳光的形象十分重要。

在签约或需要慎重的场合，我们有必要将自己武装成知识渊博又比较冷静的形象。这样我们才可以引领局面，掌握结束的时机，而不被顾客牵着鼻子走。此时可以选择能够表现冷静和给予他人信赖感的蓝色系列领带。另外，即使平时不戴眼镜的人也可通过配戴眼镜来改变自己的形象。在合同上签字的时候，最好不要使用平时所用的一般圆珠笔，而使用比较高档的钢笔，为表示彼此之间约定的“合同”营造一种责任和信任的氛围。

□ 握手

人与人见面时最先是通过握手来进行交流的，虽然可以先通过眼神、微笑等进行交流，但相互间通过身体接触来进行交流的第一手段就是握手。在商业领域中，握手时谁先伸出手，或者握手时的力度等都是很重要的问题，但有比这些更为重要的一点，那就是通过我的手能向对方的手传达感觉。

不管遇到谁，我都在和人见面握手时首先把我的手捂暖。虽然我的手本来就属于暖和型的，但是为了能给对方更好地传达手的温度，我会事先故意将手搓热再和对方握手。在握手前看到我在搓手，有的人会问：“啊？怎么了？”此时我会回答：“为了把温暖的心传达给您。”之后会付之一笑。在握手时手越暖越好，因为手比较暖和的人会给对方一种心也很温暖的感觉。我们通过握手能传达给对方的最好的信息，就是那份温暖的心。

在初次见面握手时，如果顾客超过正常的力度来握住我的手，那么顾客有意先发制人的可能性很大，这时我也有必要强有力地握住对方的手。因为如果被顾客掌控局面，就很难进行顺利的咨询，很难保持友好的关系。

在和顾客见面握手时，试着在心里默念能量咒语——“这个人肯定会喜欢我”“今天他会和我签约”“他一定会对我敞开心扉”，而且默念能量咒语的同时传递眼神，这样你会充满自信，可以更好地主导与顾客的会面。

□ 微笑

营销员需要给顾客留下阳光、积极的印象，但这不等于不分场合和时间随时随地保持微笑，因为我们的最终目标是与顾客签单或成功销售。如果对营销员无法信任，顾客是不会掏腰包的。因此，看起来显得轻浮及太过轻薄的笑是绝对忌讳的。谈论相互之间可以引起共鸣的话题并伴随着微笑最为理想。笑得不自然或想要引导顾客而强颜欢笑，这绝非好办法。

微笑应该随着咨询阶段的不同而不同。在破冰阶段，要长时间注视对方并发出温暖人心的微笑，以及能够让对方记住我的灿烂的微笑；而在结束阶段，维持比较严肃的气氛效果会更好。结束的时候，不要以深沉的目光长时间看着对方，看一眼对方或稍稍抬下眼皮，用比较冷静而坚定的眼神效果会很好。

□ 肢体动作

肢体动作是使顾客关注自己的最有效的手段。营销员的肢体动作要从容有序，不能分散顾客的视线。行动很散漫或经常来回走动，就会使顾客的视线也随之来回晃动而不利于集中。要想使顾客集中注意力于咨询，身体向内的肢体动作比身体向外的肢体动作会更加有效果。在咨询过程中采取胳膊从外向里的动作并说："如果这样看的话呢？" 或者把椅子往前拉，随之上身向前倾，采取离顾客更加接近的动作，这会让顾客更加集中注意力。

如果顾客在打盹儿或思想开小差，可以提高音量以引起其注意。比如，一边说"啊，对了""但是"等，一边拍手或跺脚，让顾客的注意力重新回到我们身上。

□ 话语

"在具有说服力的沟通当中，你犯下的最大失误是将你的见解和情感表达放在了第一位。人们真心希望的是对方能够倾听自己的话，尊重自己和理解自己。当对方认为你理解他说的话，那一瞬间，人们就会产生一种想要理解你的见解的动机。"（大卫·伯恩斯，宾夕法尼亚大学教授。）

最好的诉说者是最好的倾听者，就像在咨询中考虑如何倾听顾客比考虑如何说服顾客更为重要一样，倾听胜于雄辩。不管是谁，都喜欢倾听自己诉说的人，而且顾客所说的话语中几乎包含了需求和共识等所有的东西，这就是倾听十分重要的原因。

有的营销员在顾客面前说话滔滔不绝，没完没了，这样就会被认为他不是站在顾客的立场上，而是站在自己的立场上高谈阔论自己所希望的事项。咨询中最重要的是认真听取顾客的意见，在说明过程中有间隔地停止说话转而向顾客询问意见，或者在说明过程中稍作停顿给顾客以思考的时间会比较好。短暂的停顿很有可能成为让持否定态度的顾客重新对商品的需求进行一番深思的有效契机。

结尾的时候也要让顾客来做，而不是由营销员收场。营销员自认为做了完美的说明，进而想做总结的话，顾客很有可能再次拒绝。顾客还没有完全理解，也还没有形成真正的需求，即还没有准备好说“是”，而营销员想要自行结束，反而会引起顾客的反感。句号理应是由顾客来画，营销员只需好好引导顾客来画那个句号。

□ 关怀

没有比关怀更能刺激顾客的情感和打动顾客之心的了，但市场营销中的关怀不可以是“看不见的关怀”。因为关怀是为了达到预期目标的战略之一，顾客“看不见的关怀”在市场营销中毫无帮助。假设为了关怀即将就座的顾客，当顾客要坐上椅子时，营销员双手扶椅背向后拉开，顾客则会明白这是一份关怀，但如果是在顾客来临之前就将椅子拉开，会出现什么样的情况呢？没有一个人会认为这是在关怀自己，只会以为椅子本来就是这样摆放的。关怀应站在顾客的立场上比顾客仅快半拍就好，如果快一拍，顾客则不会想到这份关怀是给他的。

假设为了和顾客一起用餐而预约餐厅，如果我是营销员的话，会事先让餐厅服务员在预订席上放上写有“张三顾客预订席”的桌牌。只是写上“预订席”的话很难让顾客感动，但是如果写上顾客姓名，顾客感动的分量会很不一样。市场营销中对顾客的关怀理应如此。

□ 自信心

观察在路边散发传单的人就会发现，有的人只是远远地站着，很机械地伸出手在散发传单，而有的人则大声说“你好”，并和路人目光接触，散发传单。如果是遇到像后者一样的人，人们通常会不由自主地伸出手去接过传单，但如果是前者的话，人们会觉得很不耐烦并拒绝接传单。两者的差异在于自信心，后者很有自信地和你打招呼并散发传单的那股干劲儿，会让你无法视而不见。

我读大学时，就在享有“年轻人之街”美誉的弘益大学和新川等地摆起了地摊，卖布娃娃和鲜花。夜晚的主要顾客是坠入爱河的年轻恋人，因为当时有很多像我这样的地摊商人，所以竞争十分激烈。那时候我的销售额明显高于周围的商人，让竞争对手们都羡慕不已，而所谓的秘诀就在于我的自信心。其他商人一般都是坐在那里守摊，如果有顾客走到地摊前就先讨价还价，然后销售商品。当时我在想，除了这种消极的销售方式，能不能找到一种比较积极的销售方式呢？后来我想到了一个点子，就是为恋人们提供一个即兴的促销活动。看到不远处走来一对亲密的男女，我会拿着布娃娃和鲜花跑向那个女孩说：“你的男朋友为你准备了小小的惊喜，先为您送上一首歌。” 在满怀诚意地唱过带有爱意的歌曲后，将布娃娃和鲜花送到女孩子怀里说：“这是您男朋友送的礼物。”站在一旁的男孩子很是发愣，因为这完全是意料之外的事情。但是有哪个男孩子会不喜欢看到女朋友沉浸在对自己的感动和幸福之中的呢？大部分男孩子会假装这是他事先安排好的一样，会很满足于女朋友的感动。通过这种举措我获得了很不错的收益，这也确实是因为我想到了很有效的点子，但如果没有自信的话，我也绝对做不出来，并且我还不是唱歌唱得很好听的人。

任何事情都始于自信。前面提到的“留下好印象的七大要素”，即外表、握手、微笑、肢体动作、话语、关怀等，如果没有自信的话，这些都是无法塑造的。只有充满自信，才能给人留下好印象，才能不亢不卑地与对方亲切握手，才能在一举一动之间抓住顾客的注意力。在“留下好印象的七大要素”中绝对能够称得上结晶的，那就是自信心。

咨询结束并产生顾客购买产品的行为时，有很多营销员往往会说“谢谢”，而我一般会使用“恭喜您”。谢谢是我从对方那里获得好处时使用的话语，恭喜是对方获得好处时使用的话语，而我很自信自己销售的产品会给顾客带来更有价值的幸福。顾客购买我的产品当然是件令我感谢的事情，但是顾客也从中得到了珍贵的价值，所以我认为此时说“谢谢”不太恰当。一句“恭喜您”既表现了身为营销员的自信，又表达了想和顾客保持同等和友好关系的愿望。

关于自信心，营销员有一点是不能误会的，那就是不知道的要坦白承认。不承认自己不知道还嘴硬，这绝对不是自信心的体现。如果通过顾客发现自己所掌握的产品信息是错误的，那么就要如实向顾客承认并表示：“今天从您这里获得了重要的信息，关于那部分我会重新确认一下再来拜访您。”为了掩盖一时的错误而破坏和顾客建立的信任之塔的根基，这是万万不可以的。

了解顾客的七大要素

不但需要通过话语、肢体动作等多种手段让顾客先了解营销员进而进行咨询，而且通过这些手段来了解顾客也是营销员必须做的。掌握顾客是怎样的一个人，顾客有哪些需求，这些是营销员的天职。长时间做销售的人，通常善于观察人，而且会见机行事。

现在把上面提到的七大要素适用于顾客身上，作为了解顾客的一把尺子。首先要说明一点，这里提到的内容只不过是在实际和顾客交往中所领悟到的冰山一角而已。在市场营销中唯有经验会告诉你正确答案。不要忘记只有在各种各样的经验和分析中你才能逐渐摸索出自己的诀窍，获得在市场营销中至关重要的“感觉”。

□ 外表

在见顾客时我首先关注的是眼睛。如果看对方的眼睛的话，即使时间短暂，也能掌握很多关于对方的信息。顾客看我的眼神是否真诚和温暖，是否在躲避我的眼神，这些都会决定我对他的态度。没有和我正视的人大多是觉得有负担或在想其他的事情，这时要采取令对方感觉舒服的措施，让他放下负担，或者换一换气氛。如果眼珠转得很快，则表示这个人精于计算，或者情绪上不够稳定。如果顾客在计算对自己而言损失大还是利益大，那么就给他信心，让其确信这是一件能给他带来利益的事情。如果顾客的眼神很温暖，那么就可以认为他已经打开心扉准备好面对我了。

不但是外表，还可以通过周围的环境来判断顾客是怎样的一个人。当你进入顾客办公的地方，首先要看一下他的桌子和周围的环境。如果整理得很干净、整洁，则说明这个人追求完美，当你对这个人进行说明时就需要有条有理。咨询时所需要的资料及合约书上不能有错别字，一定要十分完美。如果顾客的桌子很乱，则说明这个人不太讲究。针对这样的人，首先不是谈论产品，谈论生活上的种种会更加明智。和他聊些家常营造气氛，找到可以引起共鸣的东西。最后一种人是，桌面看起来很乱，但是仔细观察，会发现他能同时处理很多事情，是一个多面手。针对这种人，可以准备多种方案，每种方案都可以讨论一点点，但要给他点出最完美又最核心的一种。因为他虽然同时在做很多事情，但他也是一个只对一件事情热衷的类型。

□ 握手

在握手时，有的人会很没有自信地抽出手，有的人会紧紧地握住手。握手强有力的人，正如前面所说，他是要以强势来压制你，在传达“我会看着你怎么做”这样一种信息，可以认为这是一种警惕心的表现。这种人一般是营销员比较难以应付的对象，即容易拒绝的人。但越容易拒绝且越挑剔的人，也往往是下“引荐”这一金蛋的人，所以不能不说这种人是非常有魅力的顾客。对于这种握手强有力的人，我们也要用力握手并送他一个强势的眼神，这是能够传达“好，我很愿意接受你的挑战”的一种表现。

相反，如果握手时没有自信，这样的人则很有可能是一种自己很难下决定的比较谨慎的人。此时营销员要主动引导咨询，用提问式方法比较恰当。

在握手的短短几秒内，就可以掌握很多关于顾客的信息。和很多人见面，并对那些见面的过程不断地做分析，这样一来，仅仅通过一次握手，你就可以获得顾客的信息。

□ 微笑

顾客随时可能会对营销员说谎，破解它也是营销员的一项课题。因为顾客的谎言是表示拒绝的一种方法。判断顾客是在说谎还是在说真话的一个方法就是观察微笑。有时你会感觉到顾客的微笑很假，那么此时顾客就是在说谎或在强笑，用具体的描述来说明的话：笑的时候如果嘴角很自然地向上翘，那么微笑是真实的，如果相反，嘴角没有很自然地向上翘，或者只是嘴角不自然地动了动，那么微笑就是虚假的。另外，还有一种情况，就是嘴角和眼睛往相反方向动，那么可以判断此时也是一种顾客隐藏内心而做出的假笑。

□ 肢体动作

如果说营销员的肢体动作是一种让顾客集中注意力的好方法，那么顾客的肢体动作则是衡量其有没有对营销员集中注意力的一把尺子。如果顾客的动作很散漫，或者反复做和咨询无关的动作，则表示顾客没有集中注意力于咨询，此时营销员有必要做出适当的肢体动作或给出一些信号换一换咨询的气氛，可以使用话语、鼓掌等多种方法。

如果从某一瞬间开始顾客在模仿你的肢体动作，这说明顾客被你吸引了过来，也就是说，这相当于告诉你顾客对你的注意力正处于非常集中的状态。

□ 话语

顾客不仅可以说谎，而且为了让拒绝更加合理可以反复、随时更改逻辑。因此有必要倾听顾客所说的话，但是没有必要为了理解顾客所说的话而统统都要做出逻辑判断。顾客在用各种理由拒绝时，没有必要把所有的内容都适用逻辑判断，但是一定要认真听顾客最后所说的话。因为最后一句话包含顾客拒绝的核心内容。比如，有一个顾客为了拒绝保险产品，说了很多理由，在最后说了一句“因为堂兄弟在销售保险产品，所以不会购买”，那么他拒绝的核心理由极大可能是因为“堂兄弟”。这时营销员紧接着顾客的最后一句话用“是的，但是……”这种方法来处理就可以了。绝大多数顾客为了拒绝会在前面说一堆毫无意义的话或假话，最后才会说出真心话。

□ 关怀

有时候会看到或感受到顾客对我的关怀。比如，顾客在给我递茶杯时，会很细心地将茶杯的把手转向我这边，这是在给我“快半拍”的关怀。这种顾客的关怀是表达对营销员的感谢。当看到顾客的关怀或感受到顾客的关怀时，那么营销员就可以判断顾客已经站在自己这边了，甚至顾客已经准备好进入最后一个阶段了。顾客的话可能是虚假的，但顾客的关怀不会是。顾客即便嘴上说“我喜欢高态亨”，但实际上也有可能不喜欢，如果他对我的举动当中带有比我“快半拍”的那种关怀，就说明顾客已经做好准备了。给予我的这种关怀如此细致，表明他已经向我敞开了心扉。

□ 自信心

顾客在何时会很有自信地大声说话呢？那就是在拒绝的时候。顾客在拒绝的时候会表现出强大的自信心。但是如果仔细分析顾客所说的话，你会发现他在哪方面比较脆弱。所以可以认为，看起来很强势的顾客，他的自信心正是营销员需要攻克的最为脆弱的部分。

假设面对一个正在上班的顾客，你提议让他从现在起为退休做准备。顾客可能会这样拒绝："我父亲光资产就几十亿韩元，所以没什么可准备的。"这时你可以反问他："既然父亲已经准备了那么多，您为什么现在还要上班呢？您应该从现在开始管理好资产。继承的资产缴纳遗产税的话，那笔资产会缩水到只剩下一半，现在就交给我管理，怎么样？"

顾客表示拒绝的时候的自信心最强，如果能够针对顾客的自信心对其所说的话进行分析，就会发现顾客最为脆弱的部分。抓住那一点，营销员会有很大的收获。

3-3-3 规则

提出任何意见时都要铭记一点，那就是赞美对方喜欢夸耀的东西，千万不要提及对方感到羞愧的东西，并且在对方已经知道自己的不足之处时，不要肆无忌惮地提及他的不足。

不论是大人还是小孩，赞美都是有益于成长的正能量，是缓和人际关系润滑剂。在与顾客进行咨询时，营销员必须提供服务的三大要素，我们将它称为“3-3-3 规则”。第一条就是赞美。

无论是谁，都喜欢被赞美，而且对赞美自己的人会敞开心扉。即使不会赞美他人的比较木讷的人，在听到别人赞美自己时也会心情大好。虽然没有什么能很好地赞美别人的特别方法，但有一些东西是我们需要具备的，那就是肯定的视角。如果持有肯定的视角，那么无论和什么样的人见面，你都会不断地涌出赞美他人的话语。没有必要硬挤一些赞美他人或谄媚他人的话语。首先自己要持有肯定的视角，那样赞美的话语会自然流出。

赞美顾客的一个理由，就是为了亲近他。但赞美也有需要注意的地方。赞美一个人可以从很多方面开始。从头到脚，除了外表，可以赞美的地方也很多，他的公司、从事的工作、业务能力、家庭或故乡、学校等。其中，营销员给予顾客的最高赞美就是家庭——对其妻子、丈夫、孩子、父母等顾客最珍惜的人加以赞美的话，顾客会比赞美自己还要更加高兴并感激。以赞美作为线头，把对话的主题很自然地引向家庭，这样会对营销员进行和主导咨询十分有利，因为家庭是说服顾客十分有用的题材。即使顾客一时没有什么需求，但如果是对家庭有用的话，大多数人是会掏腰包的。

如果对顾客进行三次赞美，那么至少有一次对方会回赞于你。就算对赞美他人很吝啬的人，如果收到三次赞美，也会由于感激而回赞一次。可以说，赞美不需花一分钱，既能令顾客开心，也能让自己开心。在见顾客时，请把三次赞美作为礼物献给他。只要持有肯定的视角，这并不是一件很难做到的事情。

“3-3-3 规则”的第二条是微笑。将微笑送给顾客的人，当然会被人记住他是一个积极肯定的人。送给顾客三次微笑最为合理，因为至少要微笑三次才能让顾客记住，过多的微笑会给人一种比较轻浮的感觉。

发出微笑时，那个微笑必须是有价值的，而且是能够让对方产生共鸣的微笑。对话以有价值的微笑开始，才能得以善终。发出微笑时，就发出能与积极肯定相连的、可以引起共鸣的微笑吧。并且对话的结尾要以感动结束比较好，因为这样可以让顾客留下这样一种印象，即“能将微笑作为礼物送给他人的明朗快乐的人，是认真对待生活的人”。

微笑可以使生疏的关系变得自然，所以对于破冰也很有帮助。因此，营销员在首次咨询之前就要做好可以引发三次微笑的准备。

乔·吉拉德认为“不知道微笑的威力的营销员是无法成功的”。请记住，经常发出阳光微笑的人不仅可以成就自己，而且可以向他人传达积极肯定的信息。

“3–3–3 规则”的最后一条是倾听。两千年前的罗马政治家西塞罗曾说过：“沉默是一种艺术，雄辩亦是如此。而倾听则是被人遗忘的艺术，认真倾听的人少之又少。”这说明不论是两千年前还是现在，倾听的价值如故，而且很难实践。

比起外表华丽或很会雄辩的人，人们更喜欢能倾听自己，而且沉稳、像陈年老酒一样的人。对于顾客而言，营销员应该是这样的一种人，即能够认真倾听、安心地向其吐露心声、真实可靠的人。

会倾听的人，也懂得放下急躁之心。有必要做一下自我检验，看看自己是不是那种在还没有听完顾客所说的事情就急于判断是非、急于提供解决方案的人。不过有时候可能会有顾客的故事太长，让人疲惫又很难集中注意力的情况。这时需要一种技巧，那就是筛选并集中其中重要的信息，但是，即使这样，也要给顾客一种“我一直在认真倾听”的感觉。在倾听的过程中，最重要的一点是在顾客所谈的内容中找到能引起自己共鸣的那部分。这会是能够在顾客与我之间达成共识的关键点。

在一小时内，仅仅是认真倾听，顾客也会认为我已经和他进行了很好的沟通。因为倾听本身就包含着理解和沟通的含义。认真倾听顾客所说，意味着顾客和我之间的心门被一个一个地打开。

我们要积极地运用向顾客赞美三次、微笑三次、倾听三次的“3-3-3 规则”。因为这是留下积极肯定的第一印象、融化冰冻的心、获得信任的确实可靠的规则。

记录的价值

记录是成功人士的共同习惯之一。经常记录可以让我们把握一闪而过的很多信息和灵感。一点一点地积累会使我们付诸实践所需的根基更加坚固。一个人为了成功，需要他付诸实践的东西很多。除了要树立长远规划，纠正与之匹配的自我习惯、行动方式和价值观，还要每天按照计划实实在在地付出行动。记录有助于将实施流程系统化并进行检验，而且在实施的过程中能够捕捉很多灵感和信息。因此，在走向成功的过程中不可缺少的就是做记录的习惯。

营销员首先要懂得正确地记录顾客的信息。最好制定一个符合自己的有效体系，按照这个体系确定信息的优先顺序并进行整理。将顾客的姓名、基本信息、需求等按照顺序整理，有利于有效利用这些信息。记录是为了利用和付诸实施。按照怎样的一种体系进行整理才能更加有效利用，在这点上自己确定一个标准十分重要。

在为顾客进行咨询时哪些东西是必须进行记录的呢？顾客的梦想、价值观、特征、现在遇到的困难、言语和着装等所有的领域都可以作为记录的对象。这些记录是将营销员和顾客的咨询引向成功的重要信息。在为顾客进行咨询时，营销员的眼睛始终要看着顾客，耳朵始终要倾听顾客的话，手始终要记录顾客的信息。

但在实际咨询中几乎不可能记录顾客的所有信息。从顾客的立场来看，如果咨询的过程中营销员一直在不停地做记录，会让顾客感觉有负担；另外，如果记录太多，将来利用起来也会比较困难。记录尽可能简略一些比较好。写下简单的关键词或画简图，可以在短时间内记录重要信息。开发用起来简单且易于理解的一种属于自己的记录方式，并将其养成习惯。记录这种行为会令人开心和轻松。

有的顾客比较介意在咨询过程中营销员拿着笔做记录的行为。此时，虽然没必要拿着笔不放，但重要的信息也不能放过，必须记录下来。发现了能引起顾客和营销员之间共识的关键点，或者需要集中攻克的决定性需求的话，就必须将其记录下来。此时我会在顾客不知道的情况下做记录。事先准备好小小的笔，当发现很重要的信息时，快速在手心上做记录。当然，此时手是在顾客看不见的桌子下面。在咨询过程中，利用闲暇空隙也是一种很好的方法。在顾客离开后，有时会有这样一种情况，手心上黑压压一片，无法辨认到底写了些什么。但即使这样，也和什么都没记是明显不同的，因为你找到了让顾客心动的核心，并将其记录了下来，为日后采取行动打好了根基。

仅仅是写下来，这种记录本身是毫无意义的。既然抓住了稍有疏忽就会溜走的重要价值并将其记录了下来，那么必须再加上利用的价值加以实施。正是在这点上，记录的价值才能真正体现出来。

营销要点

引导顾客的提问式对话方法

顺利并有效进行咨询的对话方法中比较有代表性的就是提问式对话方法。通过以下简单的例子来比较叙述式和提问式的对话方法。

A 营销员：“任何人都需要保险。为了应对不确定的未来和危机，我们必须购买保险。”

顾客：“……”

B 营销员：“世界上没有任何人能够预测未来吧？万一您没有钱身体又不舒服，那什么会给您提供最大的帮助呢？”

顾客：“是啊，如果购买保险会不会有帮助呢？”

如果说 A 营销员是叙述式的对话方法，那么 B 营销员采用的就是提问式的对话方法。哪个会更有效果呢？

站在营销员的立场，或许因为自己比顾客知道的多，所以自认为要说服顾客而说很多话。因此，采用如 A 营销员的叙述式的对话方法，就好像在教育顾客一样。但如果从顾客的立场来看的话，营销员只是在单方面讲话，会给顾客一种在被说服的感觉，因而咨询本身会让人感觉不舒服，进而把心门关闭起来。

与此相反,B 营销员的提问式对话方法会给顾客说话的机会。营销员只是在适当的时候向顾客进行提问，这样会比单方面讲述的叙述式方法带来更多的好处。

提问式对话方法最大的好处是通过提问掌握咨询的主导性进而引导这场对话。提问和回答这种结构本身会给提问者一个主导权，营销员可以自行选择问题提问，并且可以诱导顾客说出自己希望的答案。把咨询的方向引向营销员希望的方向，再也没有比提问式对话方法更好的技巧了。

成为引导咨询的人，营销员自然而然对于引导顾客的心声也很从容和自信。另外，通过提问可以获知顾客对公司或产品是如何看待的，从多方面而言，这是非常有效的对话艺术。

顾客不喜欢单方面的事情。有的人总认为自己是专业的营销员，对顾客就像对待学生一样总是讲很多东西，这些从顾客的立场来看，是不可能受到欢迎的。想要让顾客动心的话，营销员必须将所有的重心放在顾客身上。这样的话，自始至终，营销员会很自然地找到需要做的所有事的重心所在。

据某营销调查显示，顾客减少的原因当中死亡（1%）、搬家（3%）、没有常客（4%）、周围的劝说（5%）、价格（9%）、慢性不满（10%）等要素所占比重共为 32%，其余 68%是由于营销员的漠不关心（营销员对顾客）所导致的。

——Park Hyung Mi

第6章

有助于提高成功率的七个要点

6

究竟该卖什么

乔治·西尔弗曼（George Silverman）在《口碑：营销效果无限放大的秘密》一书中用这样一段内容来提出警告："买钻孔机的时候，消费者真正需要的是'四分之一英寸的小孔'，也就是说，钻孔机只是实现打眼儿这一目的的一个手段而已。如果钻孔机制造商将事业仅仅局限在制造钻孔机这点上，一旦市面上出现像袖珍激光器这样高端、多功能的产品，其事业就会立即陷入危机。"

其实顾客真正想购买的并不是特定产品或特定服务，而是通过它所能得到的"价值"。事实上，买化妆品的女性购买的是"美丽"，买玩具的小朋友购买的是"通过玩耍得到的欢乐"。

假设一个有名的女演员作为电视广告模特正在做新款手机的宣传，她以即将坠入爱河般的浪漫表情甜蜜地说道："它让我遇见了新男友。带来爱情的手机！"虽然这条广告未曾提及关于手机产品的性能或特点，但仅凭这条广告也能带来持有强烈购买欲望的女性顾客。因为它刺激了身为女性人人想拥有的"浪漫"，使她们产生"买新款手机，我也可能会遇上新男友"的期盼。手机公司通过广告想要传达给消费者的价值无非是"心灵的颤动”，他们给产品穿上了粉红色的外衣，即女性内心深处的粉色情怀，用意在于通过广告刺激顾客。

同样，营销员销售给顾客的应该是一种价值，而不能停留于销售某种产品或服务上。

“不要向我推销衣服，相反，向我推销鲜明的印象、时髦的风格及充满魅力和诱惑的外表吧。不要试图卖给我一个玩具，相反，卖给我和孩子们在一起的一个个开心瞬间吧。不要向我卖产品，相反，卖给我梦想、感受、自豪和日常生活中的微小幸福感吧。千万，千万不要向我卖产品。”［源于迈克尔·勒伯夫的《如何永远赢得顾客》（*How to Win Customers and Keep Them for Life*）一书。］

假如你是一名汽车营销员，就应该卖给顾客自豪、青春、幸福等价值；假如你是一名保险营销员，就应该卖给顾客梦想、未来、幸福等价值。当然，向顾客销售什么样的价值，要根据每个人的需求而异。

从个人品牌角度而言，我认为营销员理应给予顾客的最确切的东西就是“最高”价值。从事保险销售也好，汽车销售也罢，“保险博士张三”卖的保险、“汽车销售大王李四”卖的汽车更能带给顾客一种确信——对能够给顾客带来最高满意度这一价值的确信。公司及产品质量固然重要，但销售它的人，即当营销员给予顾客最高价值的时候，顾客才能给予信任，并产生对产品的购买欲望。

我曾经为了买车打电话给一家汽车代理店：“我想通过你们那里最能干、业绩最好的员工买辆新车。”最终我通过那里最能干的员工买下了相中的车。希望购买保险的顾客当中也有这样的类型，他们往保险公司分店打电话提出“我想购买保险，你们那里谁最优秀”等问题，这样的顾客显然比任何人都明智。因为每个领域都有佼佼者，并且确信无疑的是佼佼者具备了与其相符的价值。

小小点子感动顾客

由人类创造出来的事物不计其数，其中百分之百纯粹的新事物是否存在呢？我们有必要思考一下这样一个问题，以奇思妙想获得了火热反响的新产品，或者取得专利的发明物，是否都可以看作百分之百的新事物呢？事实上，即便属于划时代的创意，也难以脱离人类迄今为止积累下来的信息、知识、文化、技术等这些大框架。得到我们的普遍认可，并使我们为之欢呼雀跃的“突破性”或“奇思妙想”的对象，其实都始于微而后成，犹如“小小的思维差异能够改变世界”。

思维上的小小差异不但能够改变世界，而且对于营销员来讲，它更是一种强有力的动力——为了获得顾客之心所需的动力。真正打动一个人的心，靠的不是非同一般或了不起的东西，相反，意料之外的细心关怀、理解和安抚心灵的温馨的一句话，反而能融化冰冻的心，成为让对方另眼相看的一种决定性契机。因此，营销员要习惯于思考和寻找能够牵动顾客之心的好点子，将其付诸实施。就像通过各种大大小小的惊喜给心爱的人带来一丝丝的感动一样，带有暖暖情谊的关怀之举才能抓住顾客的心。不经任何思考和实践却想获得顾客的心，只能是一种愚蠢的贪婪之举。

我的顾客中女性比较多，每当走访顾客的时候，我都会准备一份小礼物，其中人气最旺的就是橡胶手套。有一次走访一位顾客，发现她将一只橡胶手套翻过来套在手上继续使用，从此以后橡胶手套成了我的礼物列表里的首选。就连磨破的一只手套也不舍得扔掉，翻过来再使用，看看主妇们是多么节俭和精打细算啊！作为小礼物赠送橡胶手套时我会向顾客说："我也刷过不少碗筷，也很理解这种情况，希望这个小小的礼物能给您带来一些方便，您就放心随便使用它好了。"读懂顾客心理的、细腻的关怀之举，让顾客受到的感动远远超过橡胶手套原本的价值。假设顾客是一名主妇，那么营销员一定要读懂主妇的心。读懂顾客的心不用花钱，而且借此为顾客准备小礼物也不需要投入太多。

其实，能让顾客感动的点子无穷无尽。通常提供咨询的时候，亲切地多次称呼顾客的名字也能够带给顾客小小的感动。比如称其为“张科长”，不如使用全名——“张三科长”来称呼，顾客听到对方使用全名时，则会觉得自己被认可，受到关怀。

练习倒写文字，这也是我为了更好地体谅顾客而做出的一个小小努力。咨询过程中为了有助于理解，有时需要写字，在面对面就座的情况之下，为了能使对方看得更清楚，我觉得有必要掌握咨询中使用率较高的一些文字的倒写。

咨询的时候选择面对面相望而坐还是并排而坐，会因人而异。并排而坐能够像朋友一样亲近地谈事情，给人以亲密的合作伙伴一样的感觉，可谓顾客和营销员之间建立平等伙伴关系的一个小而有效的方法。

在谈话之余，说几句如“嗯，好”等来回应一下顾客，或者成功达成交易的时候，彬彬有礼地做出握握手、轻轻地拍拍肩等令人心情大好的举动，更能有效地提升合作伙伴关系。

无论是谁，只要身为营销员，都会冥思苦想同样一个问题，那就是“如何才能感动顾客”。与人每天要吃饭、呼吸一样，这个问题也要时刻思考。在这里我想要强调的是，“感动顾客”不需要讲究排场或装酷。不管是什么，只要带有诚意即可，并且努力做到理解顾客，站在顾客的立场上思考。

首先找到关键人物

你有怎样的人脉，你如何管理人脉，这将决定你的人生。在其中往往包含关键人物（Key Man），即协助人。简言之，关键人物指拥有核心信息和资源的人。谈及成功人士的共同点，那就是他们都构筑了关键人物网，这个关键人物网并非自然而然就可以形成，而是主动挖掘和努力建立关系的结果。

对于营销员，关键人物是个绝对必要的存在。他可以通过引荐顾客、共享价值等方式，直接或间接地给予营销员很多帮助。可以说，关键人物的效应就在于提高工作效率，加快走向成功的速度。

营销员所需的关键人物并不是任何人都可以扮演或胜任的，下面我们就简单查看一下成为关键人物的条件吧。

从基本条件来看，具备良好的社会地位、权威、品德等，并且是受人尊敬、具有影响力的人比较适合扮演关键人物的角色。加上社交能力强，能够在多个领域有影响力，那就可以给营销员推荐各行各业丰富的顾客资源。

不过，有比这种影响力更重要的，那就是关键人物与营销员的“关系”。积极肯定地看待营销员所在的公司及其产品，理解营销员的种种处境和难处，并真心希望营销员能够获得成功的人，才可以说具备了做关键人物的资格。

当你刚刚加入一个新的聚会，或者处于一种新环境中的时候，需要最先做的事情就是寻找可以承担关键人物这一角色的人，并和他建立密切的关系。关键人物在那个群体当中可以起到核心作用，或者可以发挥影响力，因此，和他关系密切，就可以很快地缩短你和其他成员之间的距离。

我们可以假设这样一种情况，就是你的挚友带你一起去参加他的高尔夫聚会。他是这个聚会的会长，不但受很多成员的尊敬，还具有相当大的影响力。要是和他一起参加聚会，你就不必费尽心思地介绍和宣传自己。作为会长，他会把你介绍给聚会的其他成员认识，这比起你费尽九牛二虎之力介绍自己更能发挥影响力，因为成员们会像信任会长那样对你给予信任和认可。

对于你的成功，关键人物是一个发挥重要影响力的人，所以需要从平时开始精心下功夫管理人脉。通过积极肯定的社交来共享你的蓝图和梦想，一如既往地展现热情、笃实、健康的你，始终如一地贯彻承诺、诚实和信誉，那么他也会毫不吝啬地给予你持续的支持。

三星集团的创始人李秉喆总裁，以每年年末会停留于日本规划一番事业而出名，而这个被称为“东京构思”的举动，始于下面的一个小故事。1959 年 12 月，李秉喆总裁到日本出差，当时因为韩国金浦机场下暴雪，飞机无法起飞，他无奈地回到了酒店。当时电视里正播放经济专家进行讨论的节目，正好被他看到，看着电视他说道："原来首尔下暴雪是为了让我看这个节目。"他立即决定将回国日程延迟，继续留在日本，与日本各界关键人物会晤，并且获得了高级信息。以此为契机，李秉喆总裁领悟到了关键人物网的重要性，从此以后，他每年年末都会滞留在东京，通过那里的关键人物获取高级信息，构思企业的未来。

就从你的工作领域开始，积极挖掘对你正在开拓的市场具有重要影响力的关键人物，并与他建立积极肯定的关系吧。虽然可靠的人脉能把你引向成功，但不付出主动的努力，成功也只是"雾里看花，水中望月"。

售前服务和售后服务

以销售及签订合约作为起点，营销员必须提供给顾客的服务可以分为两大类，即售前服务（B/S）和售后服务（A/S）。首先来剖析一下众人通常挂在嘴边的售后服务。

根据购买产品之后的售后服务是否确实到位，顾客对产品及企业的评价明显地分为两级。根据约翰·古德曼法则：“在平时使用产品无任何问题的情况下，一般顾客的再度来访率仅为10%左右，可如果为提出不满的顾客诚心诚意地解决问题，那么65%的顾客会再次光顾。”被称为日本经营之神的松下幸之助曾经说过这么一句话：“顾客抱怨的时候才是最佳的营销机遇。对顾客的抱怨置之不理，或者态度不诚恳，这就等于说‘我不愿意做生意’。在这种情况下，任何生意都应以退出为好。决定企业兴旺的不是你的强劲对手，而是顾客的判断。”

售后服务确实很重要，就如上面所提及的那样，售后服务就像一把双刃剑，既是“最佳营销机遇”又是让顾客离去的“最糟糕的契机”。不过有时售后服务也要摆脱传统观念，改用逆向思维。这对于管理众多顾客的营销员尤为重要。一般而言，顾客通常的认识是“所谓的售后服务，是站在营销员或企业的立场提供给顾客本人的服务”。换句话说，这种认识带给顾客的感觉不是顾客自己掌握主导权，而是营销员（企业）。其实售后服务完全可以将主导权给予顾客。

比如，营销员对购买了高价钢笔的顾客说：“出现故障或笔尖磨损，您随时打电话，我会为您进行修理或更换笔尖。”这是我们都很熟悉的售后服务方式。我们可以试一下略微不同的方式，那就是这样对顾客讲：“您购买的钢笔确实质量上乘，但是用到 3～6 个月的时候，由于笔芯磨损，需要更换。在那之前您给我一个电话，我会在您不得不更换笔芯之前，为您判断钢笔的状况。如需更换，就会立即为您服务。”我们暂且思考一下，这两种方式之间有什么样的差异呢？假设顾客处于第一种情况，那么，他就会认为“笔芯磨损或出现故障时才能见到营销员”。而第二种就大不相同，它会让顾客很舒服，因为顾客认为即使没有出现故障，只要他本人愿意，随时都可以来找营销员。最终虽然是同一时期享受售后服务，但是在给予顾客主导权这方面有很大的差异。

我认为“让顾客记住我，关注我，来找我”是营销员能够给予顾客的最好的售后服务。基于普遍的售后服务层面来看，也许觉得这有些离谱，但是很多时候这种逆向思维的效应相当不错。越是优秀的营销员，他拥有的顾客信息就会越多。由于人的记忆能力有限，一一记住顾客并逐一进行管理不太现实。每当我与顾客签单，让他在合同上签字的时候，我都会非常诚恳地告诉他：“恭喜您与我签合同。我的顾客有 1 000 多人，全部记住的确不现实，不过每月的 5 日，也就是您与我签约的日子，希望您能给我发一条短信。”我这一番话，可能会被认为没有诚意，不愿意记住眼前这位顾客的名字，但是到目前为止，不高兴的顾客几乎没有出现过。因为我事先坦诚相告，并且我和顾客之间已经形成了足够的信任关系。大多数营销员通常以这样的方式告诉顾客：“如果您和我签约，每当您的生日，我都会送鲜花作为礼物。”当然，有的营销员会严守自己向顾客做出的承诺，但实际上相当多的营销员未能信守诺言。营销员的承诺没有兑现，如果此时顾客联系他的话，大多是营销员已辞职不干或早已遗忘。与其向顾客做出信守不了的没有意义的承诺，不如试一下这样的约定："只要您是我的顾客，不管什么时候，都欢迎您来找我，我的手机 24 小时保持畅通。"

如果实现了与顾客的签单或交易，把之后发生的所有过程都看作售后服务，那么可以说售前服务包括的是在那之前的所有活动。广义而言，包括从挖掘顾客到咨询、实现销售之前的所有活动。

从信息层面上看，有效实施售前服务有两个方法。第一是寻找"仅限于顾客的信息"。营销员除了掌握有关企业和产品的信息，也应该懂得怎样掌握仅限于顾客的信息，这是售前服务最先要解决的课题。从"仅限于顾客的信息"这一表述中可以看出，它指的不是别人也都能得到的非常一般的信息，而是指仅属于顾客的信息，只有这样的信息才有效。假如顾客喜欢 20 世纪五六十年代的传统爵士音乐，那么就找到相关的歌手或唱片信息告诉他，这也可以成为不错的售前服务。

第二是传达"只有我才能够给予的信息"。如果正确地把握了顾客所需要的信息是什么，那么下一步就要着手准备提供给该顾客的、只有我才能给予的信息。假如顾客的子女想要报考美术学院，那么可以准备相关的详细资料交给顾客。具体而言，可以先掌握顾客子女希望的专业及就业前景，在此基础上准备不同大学的报考信息、辅导班等实质性信息。寻找只有我才能给予的信息并将它提供给顾客的努力之举，可以促使售前服务的效果最大化。

再次强调一下，这里所指的信息并不是针对任何人，而是针对特定顾客的，也就是特定顾客所需要的信息。利用准备好的信息资料给顾客提供服务的时候，营销员必须做好精心准备，给予顾客实质性的帮助，为顾客提供细致周到的服务。营销员为顾客提供如此完善的售前服务，不仅会赢来成功的销售，还会顺利连接后续的售后服务。

随处公认的顶级专家

“99%的顾客满意度是不够的，不然会被有 100%顾客满意度的企业抢走顾客，顾客不会对处于第二位的企业给予关爱。”（弗里德・史密斯，联邦快递的创始人。）

“三百六十行，行行出状元。”成为某一领域的顶级专家，其价值会得到周围人的认可。就像车子刚刚驱动的时候，虽然难以立刻提速，可一旦有了加速度，轻踩油门也能快速前进。在一个领域摘得桂冠，就等于构筑了可以取得持续成功的基石。

那么，想要在市场营销领域成为顶级专家应该怎么做呢？

虽然本书里提到的种种观点都是不错的方法，但我想在这一节另外提及三点。假设有两个营销员 A 和 B，A 拥有对自己销售的产品及相关领域和市场环境的渊博知识，与 A 相比，B 的专业性虽略低于 A，但 B 善于处理人际关系和管理人脉。最理想的当然是将 A 和 B 的优点整合起来，但如果必须要求二选一，那么我会毫不犹豫地选择 B。在知识和信息掌握方面当然是 A 最优秀，而在人缘方面，则是 B 最优秀。要是这两个人在营销市场当中一决高下，毫无疑问，胜利女神肯定会站在 B 那边。当然，A 和 B 的优点对营销员来说都很重要，但在这里我想要强调的是，营销活动绝不可以忘记或疏忽作为活动主体的“人”，因为人就是市场营销活动的核心，这点毋庸置疑。

如上面所述，成为顶级营销员的第一个条件是“人”，那么第二个条件就是“反复”。看一下人类生活的整个过程，不难发现其实生活就在不断的反复之中。犹如四季复返、流行轮回，我们的人生当中也有很多的反复。不管做什么事情，过怎样的生活，想要接近自己期盼的成功，就必须真正懂得反复的意义，实现在反复之中逐渐提高自身价值。反复的意义在于成长，就像每天做运动，会在不知不觉中长肌肉，原本生硬的钢琴演奏通过练习的过程能够变得纯熟一样，都是经过反复的过程所取得的结果。也就是说，持续的反复必定带来成功。有人说“成功的反义词不是失败，而是放弃”，这句话非常清楚地告诉我们，没有持续反复的过程，你所希望的结果也就永远遥不可及。

第三个条件是“分析”。其中重要的是案例分析。给顾客做咨询的时候，会发生各种各样的状况，而每种状况都不可疏忽，必须对它做一番分析，将其变成自己的数据，这既是营销员最大的资产，也是最大的竞争力。可以说，对于做顾客咨询的营销员而言，分析是一项给自己的经验赋予意义的重要工作。即使拥有接触 100 名顾客的经验，但如果欠缺分析的过程，就难以拥有自己独到的技巧。我们可以分析的对象既包括直接经验，也包括通过书籍或他人的成功之谈等获得的间接经验。作为保险理财师，可以说我取得了成功，但从事保险销售，除了必备的两个资格证，就没有其他资格证了。与金融相关的资格证名目虽然很多，但我觉得没有必要考取那些资格证。理由是和考取资格证获得知识相比，我认为知识的运用更加重要。虽然再也没有取得其他资格证，但我集中精力将那些运用资格证取得成功的人们作为案例来分析。我的目标在于分析他们成功的原因，而非金融资格证。经过一番分析，我发现了一个重要的事实，那就是他们的成功并不是仅仅依靠头脑里装有的知识，而是凭借他们的热情、诚实的工作和善于运用知识。成功不是因为他们有知识，而是因为热情工作，知识只是起到了补充的作用。从事营销，靠的是心和脚，是以心和脚来行动，而不是靠大脑。大脑的角色是为心和脚提供可靠的帮助。

营销大统领的权力共享

牵动顾客之心的动力源于自信和积极肯定的思维。当你自觉地进行武装，具备了自信和积极肯定的思维的时候，顾客也就自然而然地被你牵动。但为了更加向前迈进一步，除此以外还需要一种动力，那就是共识。简单而言，共识指顾客与我之间形成的一种情感，即认为相互之间是“共享某种东西的关系”。顾客和营销员之间需要达成共识，因为共识是确定关系的峰值。因此，共识可以被称为“营销大统领的权力共享”。

不管遇到谁，营销员都要善于与其达成共识。即使在想法、习惯、环境等方面截然不同，也要懂得原原本本地接纳和达成共识，唯有这样才能通过形成关系有所收获。固定观念极强的人能否理解有别于自己的人呢？我觉得这绝对不可能。因为理解别人，首先要做到自己心无偏见。因此，了解顾客的时候不应以年龄、年薪等数字来加以判断，而应该着眼于价值观、爱心等基本层面。只有这样才能达成共识，找到顾客真正的需求。

其实连接顾客与我的共识大多从微小的事情开始。要是不想错过共识的微小环节，就不能错过顾客的一言一语。可以说倾听是权力共享的基本条件。

有一次我走访一位主妇的家，与她聊天的时候煤气灶上放着的锅被烧黑。次日，我买了一个钢丝球重新拜访了那位主妇的家，对她说："昨天因为与我聊天，您家里的锅底被烧黑了。怕您伤心，买了一个钢丝球送给您。"锅底被烧黑或许是件琐碎的小事情，可即便是件小事情，如果你把它看在眼里、放在心上，继而施予关怀的话，人们就会因此而倍受感动。所以即使顾客无意之中说出的话，或者她的穿戴，或者咨询过程中的小细节，也都不要疏忽。那里面有着达成共识所需的小细节，找出那个小细节并采取行动的时候，我与顾客的关系就会变得更加牢固。

与顾客达成共识，有一个极为简单而有效的方法，那就是附和。倾听顾客心声的时候，不仅要用耳朵听，还有必要在适当的时候附和一下，让顾客更加开心。"真的？""哦，原来如此！"这样简单的附和也足以让顾客觉得对方在认真听自己说话并理解自己说的话。适当的附和不仅让顾客觉得与营销员在一起很开心，也会产生对彼此间相互交流的信任，对营销员的好感也会因此而急剧上升。

如果不具备倾听顾客心声的开放心态，那么连一个简单的附和也都会让对方觉得非常尴尬。就如亨利·福特所讲："如果说我有一个成功的秘诀，那就是理解别人的立场，并从不同的角度观察事物。"

请以开放的心态来理解顾客、达成共识并将它表达出来。这不但会使关系变得更加深厚，而且就在那一刻，能够实现营销员所希望的成功。懂得共享顾客之所好的人，才能与顾客成为真正的朋友。

体系的运用

营销员越成长，就越能结识更多的顾客并形成人脉，这是理所当然的事情。到了此时就会出现一个苦恼，那就是“如何管理好众多的顾客”。

顾客及人脉也需要按照一定的标准来管理，若没有标准，效率和持续管理都难以期待。但制定标准的时候，需要我们摆脱传统观念，比如“是否经常打电话或发电子邮件才能够妥当管理”“利用代办机构的邮件服务是否更加有效”“每逢节日是否需要群发问候短信”等。

假设这样一种情况，就是营销员为了管理好顾客要定期给顾客打电话问好，但他工作繁忙，没有时间，也没有特别想对顾客说的话。可是因为义务而打电话或见面的话，这一举动的有效性能有多大呢？电子邮件也是如此，像现在这样垃圾邮件满天飞的情况下，一不小心就有可能给顾客带来麻烦。节日和年末的时候很多人会发来短信或邮件，假如收到了带有可爱表情符号的写有老套词句的群发短信，或者代办机构制作的电子卡片等，它能激起顾客多大的感动呢？短信和电子邮件的内容千篇一律且不带有诚意，所以这样做是无法令人感动的。与其相比，虽不漂亮，也不华丽，但带有关心对方的一行简短温暖的语句，其实更能感动顾客，令人印象深刻。

除此之外，营销员要懂得善于运用自己的方法来管理顾客和人脉，如果看着别人都做也就无条件照搬的话，那么不仅事倍功半，效果微乎其微，还有可能搞得连自己独有的价值都被隐藏的反面结果。

每当结识新朋友或结识新顾客，我都会做出这样的承诺："您需要我的时候，我就在您身边。"并且再加上一句："需要我的时候尽管联系，我的手机 24 小时保持畅通。有重要的会议或聚会的时候，可能无法接电话。即便如此，如果您打来两次以上的电话，我一定会接。"这是为了提高人脉管理效率而自我立下的原则，并且针对与我建立关系的所有人，我都会传递这一原则，按照它进行约定和信守承诺。这就相当于一套体系。管理顾客也需要构建自己的一套体系，因为在稳定的体系当中，才有效率可言。

下面介绍一下管理人脉最容易且成效相当好的一个体系。这是在我的人脉范围内管理顾客的方法，它不仅可以将两个以上的顾客一并进行管理，而且还能提高我的影响力。例如，顾客当中有个人叫 A，他运营一家小公司。有一天他随口提到："下个月要带员工参加研讨会，要是能够准备一个专家讲座的话觉得会更好一些。”听到这句话，我会在我的人脉或顾客当中寻找合适的人选——讲师 B，并把 B 介绍给 A。这样一来，A 不仅在我的帮助下找到了优秀的讲师，而 B 又解决了工作，真可谓一举两得。不仅如此，中间搭桥人——我的收获也不少。因为 A 和 B 都会心存感激，所以他们都会向我表达谢意。总之，这使我对他们的影响力又增加了一等。

对营销员而言，人脉是不可取代的宝贵财富，那里蕴含着很多将来发展为新成果的可能性。因此，为了有效管理包括顾客在内的现已形成的人脉，首先就要按照一定的标准来进行分类，这是必备的一项工作。比如，我是按照职业、年龄、性别等对人脉进行分类。什么要素作为共同分母，怎样进行分类，这些因人而异。按照活动的性质、性别、地区、市场等分类标准会多种多样。对以我为中心而形成的人脉进行分类的话，给谁介绍什么样的人就会一目了然。

人类是互相帮助、相互作用的存在，所以，以“人+人”的方法管理顾客可以获得双赢效果。如果有一位做服装批发的顾客，那么就找个适合他的人牵线搭桥；如果是牙科医生，就通过找居住在该地区的另一个人给他介绍医院。对我而言，找个合适的链环给他们相互介绍或牵线并不难，但通过此举可以得到的成果是相当大的。

将“人+人”的方法进一步扩展，以某种聚会、网络空间等形式形成人力资源网络进行管理也相当有效。管理初期的时候费心的事情可能较多，但经过一段时间趋于稳定之后，人与人之间形成自发的交流成为可能，这使得他们之间的链环也越来越稳固。发展到这个阶段，我不需要另外花费时间，人脉管理也能自动进行，而且可以产生更强大的协同效应。

营销要点

是否与顾客做了充分的沟通

营销员最初对顾客的期望大多是获得成功销售或签单等，不过最终还是期望顾客能与他一起设计成功的人生，成为稳固的同路人。这是因为任何人际关系都是在共存和相生这一不变的基础上起作用的，而且个人的成功是无数关系相互作用的产物。

既把产品销售给别人，同时又进一步与他建立稳固持续、成功的伙伴关系的核心方法是什么呢？我想说，和任何关系的相互作用一样，除了两个人之间畅通无阻的沟通，再无别的方法可以选择。或许你觉得这样的道理人人都懂，但其实没有比这更重要的了。

我常把我与顾客之间的关系比喻为水到渠成。从深山土壤中渗出来的一条条小水流相遇，形成小规模的溪流，溪流汇聚继而形成江河。流向大海的江河有河湾，河湾不仅堆积沉积物，又是形成大型河流的必要因素。江河的规模越大，河湾也越多。如果水流没有河湾而笔直地流淌，也就难以期待它有流入大海的坚强生命力。人与人之间的关系也像流淌的江河一样，到头来我们每个人是不是都要通过与他人的不断沟通，形成江河，一起流向成功的海洋呢？就像形成江河必须有河湾一样，与顾客的关系也需要有拒绝或说服这样的河湾。河湾越多，江河的生命力就越强，拒绝越多、越难以说服的顾客，其实最终更能畅通无阻地沟通。堆积物越多，与顾客越能积累感情并形成牢固的信任关系。

与顾客的关系不应仅仅局限于细小的溪流，而应该形成一同流向大海的滔滔江水。要明白顾客的拒绝越多，到头来越能与我们畅通无阻地沟通。如果懂得这个道理，当你遇见顾客的时候，对于每个困难，你就不会只觉得害怕或痛苦。就像江河形成的过程那样，这些只是一个为了能与顾客进行畅通无阻的沟通而必须经过的、令人开心的过程而已。

案例分析 传奇销售大王们的成功关键词

成功是毅力和忍耐的结果

□ 罗斯·佩罗（Ross Perot）

罗斯·佩罗曾经是IBM最出色的营销员，也是创立了EDS及佩罗系统公司的企业家兼亿万富翁，还曾两度竞选美国总统。

罗斯·佩罗退伍之后在IBM就职，当上了营销员，不久他就在IBM崭露头角，于是公司让他负责IBM盈利最高但非常棘手的交易。他的顾客，就是需要他突破的西南部人寿保险公司和得克萨斯州蓝十字健康保险协会。

入职初期，罗斯·佩罗就看出了在他的销售区内最有价值的潜在顾客就是西南部人寿保险公司。罗斯·佩罗与这家人寿保险公司总经理拉尔夫·伍德相遇的故事，很好地提醒了我们忍耐和毅力的真正价值是什么。

西南部人寿保险公司对于众多营销员而言是个非常难以接近的领域，因为西南部人寿保险公司彻底切断了营销员的任何拜访，就连公司大门都不允许踏进一步。可是这种困难反而激起了罗斯·佩罗的挑战意识，他通过无数次的尝试，打动了除拉尔夫·伍德外的所有西南部人寿保险公司员工的心，但是总经理拉尔夫·伍德还是不愿意见他。罗斯·佩罗通过拉尔夫·伍德的知情人士的帮助，经引荐终于约到了与拉尔夫·伍德见面。在见面之前，他一连几天通宵达旦地学习，掌握了保险公司以及保险行业的相关资料。终于等到与拉尔夫·伍德见面的那一天，他凭借已掌握的知识和信息在现场百分之百地发挥，最终打动了拉尔夫·伍德的心，成功签署了合约。

罗斯·佩罗对此事这样谈道："大部分人在即将取得成功的那一刹那，选择了放弃；离成功仅有一码距离的时候，选择了停止；他们在游戏的最后关头，与决定胜负的触地得分只差一步的时候，就放手了。"

与顾客不断建立纽带关系

□ 理查德·路易斯（Richard Luisi）

理查德·路易斯是GE有名的营销员。有一天他走访一个家庭，从女主人口中得知她已购买了3台GE的产品，而且颇为喜欢GE，但是女主人心存不满，抱怨向她出售商品的营销员卖完产品以后一次也没有联系她。理查德·路易斯把同顾客不断建立纽带关系作为自己的信念，他听到这番话之后对女主人说："既然已经来了，我就检查一下您家里的产品吧。"然后将她家里的所有GE产品一一进行检查、清除污垢并组装。最后他在吸尘器的一角贴上印有名字和联系方式的贴纸，并告诉女主人："出现故障或需要更换消耗品时，您可以随时给我打电话。"

面对这位相当感激的顾客，他和往常一样对顾客说"既然来了，就给您看一下GE的新型吸尘器”，并详细地介绍了新产品。他并没有期望顾客一定要买他的产品，但女主人很喜欢这款新产品，于是向理查德·路易斯提出：“我再负担一些费用，能否以旧换新？”最终理查德·路易斯卖掉了两台产品。事情并没有因此而结束，女主人又给他介绍了三个邻居和三个亲戚，而且新顾客都购买了新产品。通过一次家庭走访检查产品，给理查德·路易斯带来的是在那之后的六个月内，他取得了销售50台产品的惊人销售业绩。

每当理查德·路易斯走访顾客家庭的时候，他绝不忘记做到以下四点：首先，给顾客看新产品；其次，在产品或顾客的电话簿里贴上印有他姓名和电话的贴纸；再次，通过顾客的介绍认识三名潜在顾客；最后，每四个月必须联系顾客一次或亲自走访。

倾听的重要性

□ 乔·吉拉德

乔·吉拉德作为美国最成功的汽车销售大王，曾经连续12年荣登吉尼斯世界纪录大全。他刚刚从事营销员工作不久的时候，与一位顾客的相遇成了使他领悟倾听的重要性的难能可贵的契机。

有一天，吉拉德与来访的顾客沟通了一会儿，确信这位顾客会把车买下来。当时吉拉德心里想着剩下的最后一件事情就是签合同，可这时顾客却兴致勃勃地谈起了在医科大学读书的儿子。顾客很骄傲地和吉拉德说他的儿子将来会成为一名医生，而吉拉德心不在焉地随口回应了一声“真了不起”，然后继续忙于其他业务。聊了几分钟之后，吉拉德的一个失误脱口而出，他向顾客问道：“您的儿子毕业以后有什么打算？”明明顾客刚才说过自己儿子要当医生，吉拉德却没有集中精神听他说话，顾客认为吉拉德疏忽了自己，最终没有签约。离开之前顾客给吉拉德留下了一句忠告：“别人说话的时候要认真倾听。”

吉拉德恍然大悟，从此以后对倾听顾客的心声非常重视，并诚心诚意站在顾客的立场做换位思考。而在最后关头放弃签合同，留下一句忠告便离去的那位顾客，三年过后了解到吉拉德的真心，通过吉拉德购买了汽车。乔·吉拉德能成为传奇性的汽车销售大王并扬名天下，其实是以本案例为契机，始终倾听顾客的声音，站在顾客的立场做换位思考的结果。

所有成功的人士都有一个共同点，那就是决策和执行之间的间隔很短。拖延等于放弃。

——波得·德鲁克（Peter Drucker）

第7章

出色营销员的七大素质

7

以结果论过程

我经常对后辈们说这样一句话："专业人士以结果论过程，业余人士只论没有结果的过程。"管理者为招聘员工而进行面谈的时候，就不难发现真正的专业人士讲述过程都干净利落，而业余人士多半只会停留于过程，寻找种种借口来进行辩解。

专业人士注重结果，业余人士则注重过程。当然，没有过程的结果是无法想象的，但具有专业意识的人，不管怎样，都会通过过程获得自己想要的结果。这就是专业人士与业余人士的区别。

假如作为业余爱好者进行棒球比赛，也许很容易说出"对方投手的球太快，没办法打"之类的话，但在职业选手世界里这是否可能呢？再快的球，职业选手也要将其击出，无论如何都要研究出挥动击球棒的方法，为球队取得胜利尽职尽责，证明自己的身价。这意味着成为专业人士还是业余人士取决于自己的选择，并且根据选择获得不同的过程与结果。

史蒂文·普莱斯菲尔德既是电影《斯巴达 300 勇士》的原创小说《火之门》的作者，又是电影《贝格·文斯的传说》的原著作者。他在励志类书籍《艺术之战》中对专业人士和业余人士做了这样的描述："渴望成为专业人士，但由于阻力而失败的人们都有这样一个特点，他们都像业余人士一样思考。艺术家成为专家的那一瞬间，犹如生出第一个孩子一般，是具有重大意义的事件。就在那一瞬间，一切都会发生变化。我可以十分肯定地说我的一生划分为成为专业人士之前和之后。""我所说的专业人士，不是指像医生或律师那样从事专门职业的人。我称为专业人士的人，是指在自己的行业成为典范和榜样的人。专业人士与业余人士正好相反。"这是他对专业人士所下的定义。

通常人们将业余人士解释成"因为喜爱这项运动而参加竞赛的人"，相反，专业人士则是"为了利益投身于竞赛的人"。史蒂文没有那么想。从他的观点来看，业余人士对这项运动爱得并不迫切，如果他爱得迫切，那就不会仅仅限于业余爱好，而会把它作为自己的职业。专业人士之所以能够为这项运动不惜献出自己的一生，并把所有时间投入在这项运动上，就是因为他们太爱这项运动。

成为专业人士的路就是这样的：付出自己的所有，竭尽全力地爱它并为之努力。当你全力以赴的时候，这一过程肯定能开花结果。"情况不好""运气不佳"之类的理由，只不过是业余人士论过程的种种借口而已，并不是专业人士的作为。

我曾经与一位明洞中心街的街头商贩打交道，准确而言，我总共拜访了他 100 次才签下了合同。当时我对新的市场如饥似渴，恰好一次偶然的机会走访明洞，让我发现了隐藏在那里的巨大市场。虽然用破旧的摊车在街上做买卖，但流动的现金数额较大，而且很多人排队买衣服。看到这个场景，我暗自庆幸"新市场就是这个"。在那里的商人当中唯独有一人非常抢眼，他以满腔热情用特别大的嗓门做生意。我走近他递了一张我的名片，不知是因为太忙还是别的原因，他把我的名片草草塞进裤兜里继续热衷于他的生意。望着他积极做生意的样子，我向自己承诺一定要再次拜访他。从此以后，不管是有事顺道经过附近，还是有意做好了计划，我经常拜访他。可是每次递给他我的名片，他都没有任何反应，只是说一句："好的，欢迎下次再来！"这令我心有不甘，于是我下决心一周至少要给他一张我的名片。有时候是来回的路上各递一张，一天之内给他两张名片，虽然总是无果而归，不过越是这样我越下定"必将拿下这份合同"的决心。

大约过了 1 年 6 个月的时候，有一天他第一次面带笑容对我说："高态亨先生，季节更迭，风雨无阻，今天我收到了你的第 100 张名片，以后就拜托你为我规划保险。"他拿出迄今为止我给他的全部名片，每张名片上都标上号。他还在刚刚递过来的名片上写上"100"，实际上到接到我的第 99 张名片为止，他一直没有做出任何反应，只是在默默地观察和记住我。

"起初你给我名片的时候，我认为你只是众多保险理财师中的一名，后来你找我的时候我认为你是许多找上门来的保险理财师中的一名。虽然我不曾说什么，但看到你坚持不懈，就觉得你与众不同，并且觉得像高态亨这样的人可以信任和托付，而今天恰好就是那个日子。”

他很乐意地接受了咨询，并签了保险合同。直到今天，他仍然是我可靠的合作伙伴和人生的伙伴。如果我在递 100 次名片之前，比如在第 50 次或第 99 次的时候放弃的话会怎么样呢？对于一直默默关注我的人而言，如果我不放弃，最终我们会牵手同行。

所谓专业人士，指的就是不受任何情况、环境、手段、方法的限制而自由自在的人。只要有热情和决心，情况或环境都可以通过自己的努力来改变，并且手段和方法也随时随地都能找得到。

绝不贪小失大

“虽然对顾客承诺很多，但多半企业实际上并没有做到。与此相反，我们的承诺谨慎且不会太多，但要尽量努力去做更多的事情。”（库尔特・库恩，UPS 首席财务官。）

我们很清楚贪小失大是因为贪图小便宜而失掉了大利益。

尽管世上所有人都应该吸取贪小失大的教训，但如果身为营销员的话，就应该更加认真吸取和时常警惕。因为营销员的目的、手段和方法只有一个，那就是人。

以下介绍营销员和顾客之间有关贪小失大最常见的案例。有一位正考虑买新车的顾客，在汽车营销员提供咨询的时候，顾客突然问起这辆车的排气量，想和竞争企业的车辆比较一下，面对这一情景，营销员若这样回答："我们的排气量是2000cc，竞争企业的车大概是 1500cc 吧。"想一想，这果真是个确切的答复吗？尽管营销员对产品信息了如指掌，但有时也会出现对特定领域掌握不够准确的情况。不仅每个顾客所需的信息不同，而且受制于人类本身客观能力的限制，将所有的数据资料完整地输入大脑中是不可能的。不过问题不在于营销员的"不知道"，而在于应对这种状况的态度。针对顾客所需，营销员理应提供准确的内容，这既是营销员的责任，也是顾客的权利所在，即通过营销员得到所需信息的权利。如果遇到不清楚的事情，就要明确地告知顾客，这才是真正的专家。回答顾客时不能用"大概是……吧"这样的方式，而应该这样回答："非常抱歉，这个问题还未能来得及确认。如果可以，待我确认之后，在明天下午两点之前回复您可以吗？"站在顾客的立场思考的话，顾客对营销员要求的就是这样的态度，并且这也是与顾客建立信任关系的正确途径。

给顾客提供准确无误的信息是营销员应该做的，如"竞争企业的汽车排气量是 1498cc，我们公司的不是 2000cc，而是 1997cc”。当你无法提供准确的信息的时候，就应如实承认不足之处，并尽自己所能来提供最好的服务，这才是真正的专业人士面貌。担心顾客不喜欢或怕自己丢面子，用一句“大概（可能）……”来含糊其词地回应，这显然不是专家应有的面貌和态度。万一顾客事后了解到了正确的信息，那营销员的信誉将一落千丈。“知之为知之，不知为不知”，不知道就坦然承认，这才是真正的专家。营销员务必最先警惕的贪小失大之举就在于此。

另一种贪小失大之举，对于在一定程度上已步入成功轨道的营销员来讲，也是个非常重要的警惕事项。成功是人人都期望和向往的，但如果凡事以“五日京兆”的心态面对，也就毫无价值可言了。韩国新世界集团李明熙总裁的一句话，不由得让我们对成功之后的自豪与自傲的警戒线做一番认真的思考：“一旦成功，谁都会产生一种自豪感。自豪虽不坏，但如果想对别人炫耀，那就是自傲。因此，懂得隐藏自豪是一种谦虚，它通过教育得以实现。受教育就是学习控制自己的能力。”

自傲好比一个危险的陷阱，能够一举摧毁已有的成就。实际上有不少营销员就陷入了这个陷阱当中。通过辛勤努力取得良好业绩之后，很多营销员就产生了一种“从今年开始，月收入不超过 500 万韩元的顾客就不见了”之类的挑选顾客的心理。作为营销员，失去了待人不能有贵贱之分的基本道德意识，没有比这更危险的了。

营销员越成长，越要在顾客和人脉管理上下功夫。为什么与此人结缘、是否管理得当等，都有必要整理和检验。即使无足轻重的小事，也要谨慎为之。无心之言传千里，一旦被你疏忽了的顾客听到，就足以成为一个祸根，一下子毁掉你的诚信之塔。如果你认为失去一名顾客没什么大不了，那就请你关注一下自己的人脉地图，像蜘蛛网一样把各种关系缠绕在一起的这张人脉地图，是个超乎你想象的快速信息网。也就是说，这世上没有比传闻更快、更可怕的东西了。

对待人际关系务必要谨言慎行，营销员若无法守护人与人之间的信任，也就相当于失去了最为重要的基础。

善于控制感情

几年前，我想把私家车换成奔驰，在打电话到销售网点时提出了这样一个要求："给我介绍一名业绩最好、最能干的员工吧。"时间过了 30 分钟，一位汽车营销员将一辆试驾车开到我面前。看到他办事如此迅速，我觉得他是个能干的汽车营销员。他伶牙俐齿地进行了一番说明，并在试驾一结束就立刻拿出合同说："您在这里签一下名就可以了。"这时我发现他不是一位专业人士，而是个业余人士。当时我并没有立即买车的想法，我对那个营销员说道："我是否说过现在要买这辆车？我很喜欢这辆车，准确地讲，我会在两年后的今天来购买。"听完我这句话，那位营销员骤然变脸，摆出一副"我忙得够呛，为什么还叫我今天过来"的表情。

两年以后，我在另一位营销员那里购买了奔驰。加上我介绍的顾客，一共购买了 5 辆奔驰，在那位营销员的立场上，这应该是个相当可观的收获。两年前没有买奔驰的决定性原因在于当时的营销员没能控制好自己的情绪。简言之，他具有不错的作秀能力，但并不是一位真正的营销员，因为他不但没能理解顾客的心，而且也缺乏耐心的等待。

无论是销售保险、汽车或其他东西，作为营销员，就应该懂得等待顾客愿意的时机。直到顾客的心走近为止，这种忍耐、沉着及灵活性，对于营销员来说是非常重要的美德。我常常把营销比喻为打扑克。玩扑克牌输钱的往往是这样的人——手中的牌好就会露笑脸，稍微不好就苦脸毕露，这些都被对方看在眼里，让对方能够看穿自己手中的牌。营销就像打扑克，营销员的情绪、状态被顾客看穿的那一瞬间，这个游戏就必败无疑。

人都是感情动物，但面对顾客咨询时，绝对不能被感情左右。那么该怎么做呢？方法只有一个，那就是坚持不懈地练习。除了通过角色扮演的方法对所有可能发生的状况进行完整的事先彩排，没有其他的办法。看一下演员或歌手，他们即便正在经历困难或身体不适，只要聚光灯一照，都会从容自若地展现出完美的表演。这才是真正的专家。从事市场营销，营销员也该如此。我们不知道何时何地会传来什么样的信息和信号，所以要时刻做好准备。

不要被顾客看穿你的心。即使被顾客拒绝数百次、被提问数千次，营销员也要保持平常心，从容不迫地走近顾客，打动顾客的心。

决一胜负要在第一回合

观看格斗比赛，你会发现在第一和第二回合处于最佳状态的选手们，到了第三至第五回合就会筋疲力尽，仿佛在垂死边缘挣扎。由于一开赛就使出浑身解数格斗，回合越往后体力越下降就理所当然。当作开玩笑打个比方，如果我在路上偶遇崔洪万（韩国格斗选手）与他打架的话，肯定必输无疑。可万一他刚刚打完 5 个回合的比赛，那么或许我有一点点打赢他的可能性，因为经过 5 个回合激烈的比赛，他的体力几乎耗尽。

暂且将格斗适用于市场营销领域，那么你的胜负会在第几回合呢？假设你有一个必须要见的人，可他是明星，不仅难以见到，而且也没有能给你搭桥的人脉，但为了开拓新市场，你必须见到他，并使他成为你的合作者。有什么良好的解决之策呢？可以搜索明星的粉丝俱乐部，或者确认明星所属的娱乐公司和经纪人，然后与他们取得联系并拜托见面事宜。不过依靠这种方法能否见到明星呢？在找到娱乐公司等候或联系经纪人的过程中，你可能已消耗了相当大的能量。一句话，会令人泄气。想要见到明星，就应该直接去找他。前面已经介绍过，我找到位于清潭洞的美容院，与明星直接见面并成功签约的经验。如果我按照通常使用的方法找娱乐公司和经纪人，那么开拓新市场肯定会很困难。我之所以能成功，是因为在第一回合的比赛中就直接重重地发出一击。想在第三至第四回合或第五至第六回合一决胜负，你的胜算就会减少。能打 5 个回合的选手，他就只有 5 次机会。此时想在第六个回合当中分出胜负，这当然不可能了。简单地说，不要在周围打转，一开始就要击中要害。

越是厉害的对手，就越应该在第一回合决一胜负，这样才有胜算。我们都梦想成为所在领域中的最佳，并且为此找到现实当中处于顶级位置的人物，将他作为导师或与他进行善意的竞争。事实上永远的最佳是不存在的。如果我登上了最佳的位置，那么就会有人想要赶超我。不论哪个时代或何等情况，最佳、最优秀的人总会有，想要到达那个位置，就去找最优秀的人，模仿他也好，与他竞争也好，最终是要超越他。如果你有作为目标的某个人，就请你不要犹豫，立即去找他。没有必要以“现在还不是时候”或“还没有准备好”这类的借口畏首畏尾。只要有热情和意志，就可以在第一回合见到他并且得到你想要的东西。如果经过多个阶段之后再去找，此时你的能量已被耗尽的可能性就会相当高。

寻找顾客也好，寻找最优秀的导师学习技巧也好，都要在第一回合分出胜负。有时你也许觉得这是很莽撞的行为，但最大的成果就是出于此。因为自身体力还没有透支，而且可以无限接受的状态就在第一回合。另外，打第一回合的时候，选手的自信心也最强。

想成为最优秀的人，就要去找最优秀的人作为导师。那么现在的你有几位导师呢？导师越多越好，像我就有超过数百位的导师。人人都有一样可学之处，因此，拥有各行各业不同的导师，就会成为你发展所需的宝贵基础。重要的是以积极肯定的眼光看待人，并且以开放的心态接受他，而不是以偏见的尺度来判断人。你的身边总会有一些难能可贵的导师，为你的成长和成功提供帮助。

成为时间的主人

管理自己最好的方法是什么？也就是说，能让人的热情和意志不被突如其来的情绪或懒惰所左右，坚定不移地奔向目标的方法是什么？方法只有一个，那就是时间管理。作为成功人士，其共同点往往有三个，那就是思考、热情和自我管理。自我管理的核心在于时间管理。排除时间来做自我管理，就像一艘没有舵的船。

时间对任何人都是公平的，同样都是一天 24 小时，一年 365 天。如果说先天的相貌和家庭背景等这些属于自身无法改变的领域，可唯独时间不分乞丐和总统，都是一样的公平，仅仅用处各异而已。有一些人，就连一分一秒的短暂时间也能够最大限度地发挥集中力，将其无限利用；也有一些人，只在叹息时间的流逝中浪费人生。虽然给予的时间相同，但对于时间的控制和管理形成良好习惯的人和与之相反的人，他们的未来是截然不同的。

制定自己的时间管理原则时有两个必须包括的事项，那就是规则和检验。规则不是仅限于一两次遵守，而是不断遵守。最重要的是在任何情况下都不能有例外。例如，如果承认“今天很累”“最近经济不景气”之类的例外状况，那么时间管理的意义和成效就不复存在。

其次是检验。如果不实行检验，就无法确认自己是否按照承诺充分利用和管理时间。检验最好是以小时或分等小单位来设定并实行，这样才能更加紧凑地管理时间。要做好检验，记录是必备的。不做记录不仅记不住，而且检验、评价、分析也难以进行。通过检验找出未能遵守的部分，冷静地评价自己。假如用以自我合理化，那就很难冷静、客观地做出评价和反省。自我合理化只会带来越来越多的借口。为了防止陷入自我合理化的陷阱，请不要丢失能够时刻正确判断自我的一双客观的眼睛。如果没有按照计划利用时间的原因在于自己，那么就应该勇于鞭策自己。怎样鞭策自己？要事先定好计划，并作为自身的承诺付诸实施。

规划时间的时候，要站在自己期望的目标地上俯瞰。如果你的最高目标是成为总统，那么就想象自己成为总统时候的模样来规划时间，即想一想总统是几点起床、几点睡觉、为健康投资多少时间、人脉要怎么管理，等等。俯瞰事物，就会清晰地看到什么才是重要的事情，该如何利用时间。如此规划和管理时间，在不久的将来，你肯定会以最好的面貌站在你所期望的最高处。再次强调，规划时间时千万不能停留于现状。就像“今天认真做，明天也认真做的话，总有一天会成为最优秀的人”的想法，这就是停留于现状，而不是面向将来。想象一下你想成为的、已经站在那个位置上的你，就能够一目了然地看到你需要掌握的知识和技巧。

下面介绍一下心理学家丹尼斯·韦特利关于时间价值的解释：

“时间是一个赋予所有人同等机会的雇主。每个人每天都会分配到相同的时间，而不会因为是个有钱人就能买到更多的时间，并将其用在他日。时间，它公平和宽容得让人惊讶，即使过去浪费了很多时间，也仍然留有未来。成功在于根据轻重缓急来规划时间和明智地利用时间。寸金难买寸光阴，其实时间比金钱更具价值，浪费时间就等于扼杀成功的机会。”

摒弃陈腐的传统观念

“问题永远不在于如何使头脑产生崭新的、创造性的想法，而在于如何摒弃陈腐的传统观念。每个人的心都像堆满破旧家具的房间一样，想把新家具搬进来，就要首先扔掉你的旧家具。”（迪伊·霍克，VISA 创始人。）

迪伊·霍克强调只有摒弃陈腐的传统观念，才能有伟大的创新和创意。那么你该丢弃的“传统观念”都有什么呢？如果觉得没有，那就请重新检视一下自己。就如迪伊·霍克的话，因为“每个人的心都像堆满了破旧家具的房间一样”。

陈腐的传统观念是非常危险和致命的东西。如果是表面上可以看到的缺点，就可以通过“外科手术”将它去除，传统观念不但不外露，甚至大多数人就连自己是否持有传统观念都不清楚。传统观念危险的原因在于它支配和决定人的行动。假设你持有“头发自来卷的人固执倔强”这一传统观念，而在相亲中遇到的异性恰恰是个头发自来卷的人，那么你就会在不知不觉中认为对方是个固执的人。这就是传统观念发挥作用的瞬间。如果你平时喜欢的是性格温柔的异性，那么就不太愿意主动接近对方。

传统观念在我们这个社会的各个角落随处可见，并且产生大大小小的副作用。不过在把目光转向社会之前，务必先检视一下自己。因为人生是自己的，摒弃自身持有的陈腐的传统观念，人生也将发生巨大变化。

前面已经多次强调了作为营销员必备的积极心态，但其实这也与传统观念有密切的联系。一个人持有的传统观念越多，他就越消极被动。既然做一件小事情都有数十种“不可能的理由”，当然也就不能积极主动地工作，而且塞满了传统观念的人更不会具有创造性。脑海里都是陈腐和老一套的想法，当然也就不可能有新鲜的构思或思维挤入。

在前面的章节中已提到过人不应有贵贱之分。以数据或背景判断一个人是营销员最先该摒弃的传统观念。又一个必须摒弃的传统观念是关于销售或营销的传统观念。我成为保险理财师的时候，除了我妻子，所有人都拼命反对。因为他们都对保险理财师这一职业持否定态度。即使过了很长时间，这个传统观念仍然没有发生太大的变化。倘若你目前所从事的职业无法得到社会的认可，且他人也以偏见相待，你也要从容以对。不论他人对你从事的工作如何议论纷纷，至少你自己要有自信，并且心怀高度期望来面对你的工作。除此之外，“顾客的拒绝理所当然”“背景不是成功的条件”“出色的咨询师不靠三寸不烂之舌而靠倾听”等，这些都是营销员摒弃陈腐的传统观念之后才可领悟和掌握的重要尺度。

差异化的战略和创意，也要在摒弃陈腐的传统观念之后才能够真正涌现。帮助你超越竞争对手的逆向思维也一样。学习很多东西并真心接受之前，都要先拂去传统观念这层灰尘。就像干爽的海绵吸水更快一样，不被污染的纯净空间越宽阔，越能装下更多的知识和技巧。

践行便是一切

如果你有一位非常想要结缘的成功表率，那么就去拜访他；如果你有一位非常想与之签单的顾客，那么就和他直接面对面洽谈。你想要达到的目标离你千里，那么现在就立即迈开脚步走向它。“千里之行，始于足下”，无法迈出第一步，所有目标、战略都毫无意义。

其实大部分道理我们都很清楚。因为通过历史上的伟人我们学到了人生的价值，通过成功人士的故事我们掌握了成功的方法。不过就算看书、听故事，也有摸不透的地方，那很可能是因为你还没有“体会”到。想要将其完完全全地变为自己的知识、自己的诀窍，践行必不可少。

拯救了在垂死边缘的日产（NISSAN）汽车的卡洛斯·戈恩，他这样强调了践行的重要性：“践行便是一切，这是我一贯的主张。克服难题的时候创意只占5%，而创意的好坏取决于如何践行，这种说法一点儿也不为过。”金·哈伯德曾说：“除了不再尝试，失败无从谈起；除了来自内部的东西，击败无从谈起；除了天生意志薄弱，真正难以跨越的障碍无从谈起。”

我们要懂得，不再尝试则失败。这不是因为顾客的拒绝过于强烈，也不是因为市场状况不好，更不是因为我们的人脉不足。就像金·哈伯德所说，失败来自我们的内在。我们放弃的那一刻，就等于选择了失败。

当践行摆在眼前的时候你或许会感到恐惧，不过一旦翻越了它，你就会发现它其实什么都不是。回想一下小时候学骑自行车或参加长跑时的感受，就不难理解。当任务紧迫或陷于某种困境时，你会觉得筋疲力尽，缺乏前进的勇气，可一旦战胜一次，就会明白其实这也算不了什么。希望你能成为面对践行绝不畏缩的人。若自己有个定好的目标，守住并坚持它就可以了，而当超过这个目标的时候，你也肯定会认为“没什么了不起”。

任何目标与计划都是为了践行而存在的。因此，践行不但可以看成最后一个阶段，而且称其为一切也不会言过其实。即便有迫切的心理和划时代的创意，如果不去践行，那么你的世界也不会发生任何改变。

很多人想行千里路，可仅仅踏出 10 步就放弃了。虽然有很多理由，但通常都是因为抱有“一步登天”的错误想法。梦想越大越好，但不能背离现实。年薪 3 000 万韩元的人以年薪超过 1 亿韩元作为目标的话会怎么样呢？为了达到 1 亿韩元年薪，就要付出与之相符的努力和经历相应的成长过程。假如盲目相信经过几天或几个月的努力就能达到目标，过不了多久很可能就会以失败而告终。一个小小的关卡，对有些人而言就像背负了一座大山一样。能够客观地观察和评价当前的自己是相当重要的，经过了这个阶段，那么遇到再大的挫折也不会轻易放弃。可以说，每个关卡都是一个领悟的起点，是使我们成长和发展的桥梁，而这个起点就是客观地看待自己。

从实现小目标开始吧。就连小小的成就也未曾收获过的人，绝对不可能走向大成就。当你一点一滴积累成功经验的时候，自己也会随之成长，并且和想象中的你越来越靠近。

案例分析 从一个职业棒球选手到保险行业的英雄

单凭销售保险成为亿万富翁的法兰克·毕吉尔原先是一名职业棒球选手。他曾是美国乙级联赛球队的宾夕法尼亚二垒投手，但因实力不足而被球队逐出，回到了芝加哥郊外的家中。他虽然在超市里面做零工，可仍然难以放弃对棒球的追求，不过他后来有幸得到了圣路易斯球队的入队邀请。在去匹兹堡的途中，他下定决心今后一定要拼命努力，过个无怨无悔的人生。接到新的队服之后，他比谁都刻苦训练，在球队里也越来越得到认可，终于升迁为一垒，成为一名正式选手。

就在他离圣路易斯明星行列只有一步之遥的时候，却因右臂骨折，再也无法打棒球了。再次回到家中的他，丧失了生活的热情，整天待在房间里。有一天，他觉得不能再这样继续下去，于是他试图找工作，而找到的第一份工作就是保险销售。

不久前还在棒球场上挥棒接球的他，在刚开始做保险销售的时候，没有什么热情和技巧可言。所到之处都被拒之门外，让他后来对走访顾客几乎要患上神经质症。

他郁郁寡欢地经过公共汽车站旁边，偶然捡到一张报纸，发现了这样一个广告“口才培训教室，营销员培训课程”。他怀着“去接受一次培训”的想法申请了课程，而在那里有一位著名的成功人士——戴尔·卡耐基。

第一天，戴尔·卡耐基将法兰克介绍给学员们。

“大家好！给大家介绍一位曾经是圣路易斯二垒手，目前是保险营销员的法兰克。法兰克，请你到前面和大家打个招呼吧。”

“大家好！我……我是法兰克，我……曾经是棒球选手……那个……那个因为不能再……那个……”

看着结结巴巴的他，卡耐基这样要求道：

“法兰克！请用更大的声音来讲。”

“好的！我既打不好棒球，也做不好保险，而且也没有热情……”

“法兰克，抬起头大声说！”

“我做不到！”

“你现在不是抬起头大声说了话，不是吗？”

那一瞬间，法兰克顿然醒悟，自己正在堂堂正正地大声说话。他明白了一直以来自己没有大声说出口不是因为不可以，而是因为没有大声说。之所以没有做到，就是因为心里总有“做不到”的想法。明白了是自己在束缚自己，从此以后法兰克不断地做出解开这个束缚链的努力。当然一开始的时候非常不容易，他很努力，努力使自己的言行充满活力。随着时间的推移，习惯成自然，他随时随地都能够表现充满自信的言行。

他在晚年编写的《法兰克·毕吉尔的13种习惯》一书中，对怎样锻炼和养成13种良好的习惯做出了如下整理。

1. 充满热情的言行。

2. 积极肯定的言行。换句话说，绝不会说“不可能”“勉强”之类的话，而总是说积极肯定的话，如“我做得到”。

3. 对于做什么，要明确目标。

4. 提问。作为营销员要养成自己少说、让对方多说话的习惯。

5. 赞美。

6. 保持沉默。要认真倾听对方的话，以双目注视、附和等方法营造一种使对方容易开口的氛围。

7. 以郑重诚恳的态度对待。

8. 掌握知识。掌握产品的知识、有关自己的事业或业务的知识等。

9. 感恩。即使没能卖出去，也要向对方为自己腾出的 10 分钟时间而表示感谢。

10. 微笑。要学会无论何时何地都会给对方带来幸福感的微笑。

11. 记住对方的姓名。